0~4岁

鲁杰 主编
子娟 绘图

U0785075

270个亲子游戏

玩出小全才

玩出健康身心

山东人民出版社
全国百佳图书出版单位 国家一级出版社

图书在版编目（CIP）数据

玩出健康身心 / 鲁杰主编；子娟绘图. -- 济南 ：山东人民出版社，2016.8

（270个亲子游戏玩出小全才）

ISBN 978-7-209-09606-5

Ⅰ. ①玩… Ⅱ. ①鲁…②子… Ⅲ. ①学前教育－家庭教育Ⅳ. ① G78

中国版本图书馆 CIP 数据核字 (2016) 第 066470 号

玩出健康身心

鲁杰　主编　子娟　绘图

主管部门　山东出版传媒股份有限公司
出版发行　山东人民出版社
社　　址　济南市胜利大街 39 号
邮　　编　250001
电　　话　总编室（0531）82098914
　　　　　市场部（0531）82098027
网　　址　http://sd-book.com.cn
印　　刷　北京雅迪彩色印刷有限公司
经　　销　新华书店

规　　格　16 开（160mm × 230mm）
印　　张　8.5
字　　数　76 千字
版　　次　2016 年 8 月第 1 版
印　　次　2016 年 8 月第 1 次
ISBN 978-7-209-09606-5
定　　价　22.00 元

如有印装质量问题，请与出版社总编室联系调换。

让游戏陪伴孩子快乐成长

喜欢游戏是宝宝的天性。研究表明，宝宝在幼儿阶段各方面的成长都是惊人的，很多父母并不怎么知道游戏对于0—7岁的孩子，在生理和心理培育与发展上的重要性。不知道游戏在宝宝的快乐成长中，起着不可替代与不可估量的作用。

宝爸宝妈们应当知道，从1岁左右开始，我们宝宝的思维能力已经逐步形成，大多数的宝宝，在这个阶段已经形成了自己独特的观察方式，尽管此时他们还不能用语言去准确表述自己的感受，但宝宝感知事物、观察事物的能力，已经有了突破性的发展；等宝宝到了3—4岁的时候，他们已经发展到能逐渐认识事物的属性，开始根据事物的本质特征进行初步的“概括”了；5岁以上的宝宝，在独立生活能力方面会有大的发展和变化。宝宝在与外界环境接触的过程中，产生了各种需要，包括情绪、情感方面的需要，积极活动的需要，探索和认识周围事物的需要，自由表现自己能力的需要，支配和控制与作用于环境的需要等等。这些“需要”都可以借助活动得到满足，具体地说即是通过游戏的方式得到满足。因此，几乎所有的育儿专家一致呼吁：游戏即成长。陪伴宝宝游戏即是最好的育儿方式。

《270个亲子游戏玩出小全才》系列分“玩出健康身心”和“玩出

大智慧”两册。很显然，这儿的“玩出健康身心”与“玩出大智慧”并非指游戏内容或者是宝宝参与游戏的能力。只是根据不同年龄段的宝宝，他们生理及其心理能力的发展，做一个大致的区分，以便于家长们各取所需。同时，家长们也要知道这些游戏是一个“循序渐进”的过程，无论是“玩出健康身心”卷或是“玩出大智慧”卷，都紧紧围绕宝宝不同时期的生理和心理发展水平安排具体游戏项目和内容,从“身体能力训练、语言能力开发训练、注意力和记忆力训练、智力潜能开发、EQ 训练、数学能力训练、思维能力训练”等方面予以指导和辅导。每一个游戏均以“目的、方法、指导”的形式让家长一目了然，同时每个游戏均结合宝宝的不同年龄段，辅之以宝宝不同阶段的成长特点。衷心希望这样简明扼要的内容安排，能给家长们带去简单、实用的指导与帮助。

最后要衷心感谢子娟女士为游戏插上了精美的图画！

真诚感谢编辑们为这本游戏书付出了很多心血，辛苦了！

鲁杰

目录

身体能力训练

听声音

Ting Shengyin

游戏目的：

用多种发声体训练宝宝的听觉辨别力和方位听觉。

游戏内容：

准备哗铃棒、八音盒、钟表、小杯和小勺、橡皮捏响玩具等。让音高、响度均不同的各种发声体在宝宝视线内发声，并告诉宝宝名称。待其注意后，再慢慢移开，让宝宝试着开始追声寻源，当宝宝辨出声源后，再变换不同方向。

游戏指导：

这个阶段的所有“发声”游戏，都必须控制好音量。尤其是在靠近宝宝的时候，绝对不能惊吓到宝宝。

专家育儿：

0—3个月的宝宝几乎整天都是在睡眠中度过，“沉睡”对成长中的宝宝来说，是一种很重要、很舒服的体验。宝宝1个月左右就能听铃鼓及音乐盒的声音，连很小的声音也听得到。到两个月时，脸会转向声音的方向。3个月时，他对很多声音都有反应，对电视声音也会出现反应。到了第4个月，宝宝已经能分辨声音发出的方向了。

铃儿响叮当

Linger Xiangdingdang

游戏目的：

检查听力，发展视听觉。

游戏内容：

在宝宝头的两侧摇铃，节奏时快时慢，音量时大时小，边摇边说：“铃！铃！铃！铃儿响叮当！”先不要让宝宝看到摇铃，而要观察其对铃声有无反应，如宝宝听到铃声停止哭闹或动作减少时，再训练他根据铃声用眼睛寻找声源。

游戏指导：

以每天 2—3 次为宜。

专家育儿：

0—3 个月的宝宝在仰卧位时，头在中央位置占优势，下颌、鼻子与躯干的中线能保持在一条直线上，并且头可以自由地从一侧转向另一侧；仰卧时，双臂不是同时外展，就是把双手合在一起放在中线，两腿弯曲或伸直；当把宝宝面朝下放时，如果宝宝抬头，他能支撑在中线的位置，而不是转向一边。

舒展身体

Shuzhan Shenti

游戏目的：

舒展宝宝的身体，促进宝宝运动能力的发展。

游戏内容：

洗澡或换尿布的时候，可帮宝宝舒展一下身体。

游戏指导：

这个时期的宝宝，大人切不可用力拉他的手、脚。帮他伸展身体时，只须将关节稍为弯曲，宝宝就会反射性地伸开他的关节。除了关节外，轻触宝宝的膝盖内侧、躯干、手等，宝宝也会反射性地伸展他的身体。

专家育儿：

4—6个月的宝宝手和脚都已经有了力气，运动能力有了惊人的发展。很多6个月左右的宝宝就能够"坐起来"了。

抬肩膀

Tai Jianbang

游戏目的：

促进宝宝翻身及爬行能力的发展。

游戏内容：

让宝宝平躺，妈妈一只手撑起宝宝的肩膀，慢慢将他的肩膀抬高，一面跟他说“翻翻身、翻翻身”。当宝宝身体转到一半时，再让他恢复原来的姿势。左右交互转动几次后，宝宝就会自己抬起肩膀了。

游戏指导：

游戏时特别注意用力要轻柔，不能让宝宝感到不舒服。

专家育儿：

4—6 个月的宝宝对人、事、物和场所都有了很大的兴趣，开始能够区分看过的东西和陌生的东西，懂得怕生了，有时宝宝的这种情感认知会从 6 个月大一直持续到 1 岁左右。

触摸玩具

Chumo Wanju

游戏目的：

训练宝宝的运动能力。

游戏内容：

利用宝宝床的栏杆，在他手碰得到的地方，挂一些颜色鲜艳、会发出声音的玩具。如果宝宝只看不碰，妈妈可以拉他的手去碰玩具。当玩具发出好听的声音时，妈妈要高兴地说："声音出来了，宝宝好棒哦！"如此反复几次后，宝宝就会喜欢触摸吊在那里的玩具了。

游戏指导：

时间不宜过长，以宝宝不疲惫为宜。

专家育儿：

在精细的动作方面，半岁左右的宝宝喜欢拿着东西敲打，并全神贯注地摇动手部或用手敲出声音。4—6 个月大的宝宝基本已经脱离整日睡觉的时期，他们可以坐在妈妈的膝盖上，自己拿着玩具玩，仰躺时也能滚动身体，伸手拿玩具。这时的宝宝基本都可以自己翻身，6 个月之后也慢慢开始学习坐着玩耍。

滚皮球

Gun Piqiu

游戏目的：

训练宝宝爬行，让宝宝的身体能力得到进一步的发展。

游戏内容：

这是让宝宝以趴着的姿势进行的游戏。刚开始，先让宝宝触摸有铃铛的球，然后将球放在他的手边滚动。接着，从稍远的地方将球滚向宝宝，或者直接滚过宝宝的身边。这时候，宝宝会移动整个身体追寻球的去向。

游戏指导：

游戏时不要让球滚得过快。

专家育儿：

半岁之后的宝宝，会慢慢学习手脚并用地爬行，用这种方式慢慢移动身体。等宝宝脚部力量增强后，让他坐在妈妈膝上时，他会不断地踢妈妈的膝盖，想要自己站起来。同时这一时期，好奇心会引起宝宝触摸的欲望，他笨拙地尝试摸索，从而让身体的运动机能得到更好的发展。

跳一跳

Tiaoyitiao

游戏目的：

训练宝宝的踢腿能力，同时让宝宝的大脑得到愉快的刺激经验。

游戏内容：

宝宝坐在妈妈的腿上会开始乱踢时，妈妈可以配合他的动作，一上一下地让他在膝上跳跃。每当宝宝用脚尖踢时，力量就会进入脚趾，进而刺激宝宝的大脑。同时，跳跃也可以培养宝宝的平衡感，这是宝宝学会两脚走路的必要基础。妈妈要配合宝宝的节奏，让宝宝尽情地跳。

游戏指导：

游戏不宜长时间进行。

专家育儿：

脚尖在学爬或学走时非常重要。当宝宝脚部肌肉有一定力量后，坐在妈妈膝上的宝宝会开始不断地踢动脚尖。在这个阶段，可以让宝宝玩一些刺激脚底、让膝盖和脚底有节奏弹踢的游戏。和手指一样，脚底是很重要的感觉器官，所以父母要尽量让宝宝的脚底能碰触到各种东西。

捉迷藏

Zhuo Micang

游戏目的：

让宝宝快乐，增进与父母的情感交流，发展感知能力。

游戏内容：

妈妈在床上伸腿而坐，让宝宝面对面坐在自己的腿上，一手扶着宝宝的髋部，一手扶着他的腋下保持平衡。爸爸在妈妈背后，让宝宝一只手抓着爸爸的手指，另一手抓住妈妈的胳膊。爸爸先拉一下被宝宝抓住的手，当宝宝朝这边看时，爸爸却从妈妈背后另一边突然伸出头来亲热地叫宝宝的名字，当宝宝转过头找到爸爸时，会“咯咯”地笑起来。

游戏指导：

爸爸、妈妈可交换游戏角色。

专家育儿：

一般说来，7—9 个月的宝宝就已经有了记忆力、预测力和期待力。玩捉迷藏游戏时，妈妈还没说“哇”之前，他们就会先说“哇”了。他们会记得好玩的游戏，有时还会拿着玩具或者其他东西，示意妈妈说出物品的名称。

匍匐拿物

Pufu Nawu

游戏目的：

学会匍匐前进，促进大脑发育。

游戏内容：

宝宝俯卧，用前臂支撑上身，腹部着床。妈妈可用双手推着他的脚底，爸爸在前面用玩具逗引他爬行，使宝宝学会用一只手臂支撑身体，另一只手试着拿到玩具。

游戏指导：

此时宝宝的匍匐爬行能力还不是很强，游戏时间不宜过长。

专家育儿：

当宝宝力量进一步增长后，会从腹部爬行发展到匍匐爬行，由匍匐爬行发展到能抓住高一点的东西爬行，一步一步慢慢地增加爬行速度及方式。利用爬行锻炼腕力、肩力、腹肌和背肌的力量，这样当宝宝开始走路后，比较不容易跌倒，就算跌倒也会自己用手撑住身体。

弹簧床

Tanhuang Chuang

游戏目的：

锻炼大、小腿肌肉，促进宝宝的运动能力发展。

游戏内容：

在沙发上即使站得很稳也会摇晃不定，所以父母不妨在沙发上面跟宝宝玩弹簧床游戏。爸爸扶着宝宝的两腋，让他尽情享受弹跳的乐趣。弹跳中偶尔做些变化，比如让宝宝在爸爸的膝上着地，也可以把被子折叠起来代替沙发。

游戏指导：

有的宝宝精力旺盛，能玩很长时间，有的宝宝则不太适合玩太长时间，游戏时长要因人而异。

专家育儿：

1岁左右的宝宝，体格发育已经很健全了，体重约为出生时的3倍，身高约为出生时的1.5倍。在运动能力方面，宝宝已能自己扶着东西走路，而且走得很好，握着他的手诱他前进，他的脚会向前移动，父母手放开时，他也可以自己站立两三秒钟。

绕转走

Raozhuan Zou

游戏目的：

训练宝宝身体的灵活性，促进宝宝运动能力的发展。

游戏内容：

爸爸坐在地上，让宝宝扶着爸爸的后背站好，然后跟他说："过来，过来，爸爸在这里。"看宝宝能不能走到爸爸的面前。如果宝宝办到了，爸爸一定要赞美他，然后让他反复再做几次。还可以利用桌子让宝宝学习扶着东西走路。如果还不熟练，妈妈可以坐在桌子的对面招呼他："妈妈在这里。"等宝宝走得很好后，也可以利用桌子和宝宝玩"追老鹰"的游戏。

游戏指导：

游戏时要控制好宝宝的速度，掌握好宝宝的平衡感。

专家育儿：

1岁左右的宝宝，大部分都可以摇摇晃晃地开始走路了。他们从爬行及坐着的姿势中，慢慢学习站立、半蹲及走路时平衡身体的能力，最后才学会用双脚走路。刚开始时，宝宝会用双脚张开的方式来降低重心，保持身体平衡。但当宝宝学会弯着手，将力量集中在肩膀之后，不用多久，他们就能走得又快又好了。

黏土和沙堆

Niantu He Shadui

游戏目的：

让宝宝感觉不同东西的质感，锻炼宝宝双手的灵活性。

游戏内容：

玩黏土可以提高宝宝的创造力。一开始，可让他用手指压、用棍子戳，先让宝宝了解黏土的特性，至于做出形状那是以后的事了。光是把妈妈做好的圆形黏土压扁，宝宝就会玩得很高兴了。在户外，宝宝最喜欢到沙堆玩。在这里，宝宝可以发挥创造力及想象力。妈妈只要在一旁照顾就行，不要因为脏就禁止他玩。

游戏指导：

宝宝玩沙子时一定要有父母照看，防止沙子入口、入眼。

专家育儿：

随着手指头越来越灵活，宝宝已经踏上了“创造之路”。最新的研究表明，多数宝宝在1岁左右，已经完全可以体验不同物体的质感，尤其对黏土和沙子有浓厚兴趣。家长应抓住时机，让宝宝的创造力与想象力在“爱好”中得到充分的练习与提升。

爬楼梯

Pa Louti

游戏目的：

训练宝宝身体的灵活性，促进宝宝运动能力的发展。

游戏内容：

拉着宝宝的手，让宝宝配合音乐的节奏站起、蹲下。蹲下时尽量让宝宝把手贴在地板上，站起时尽量把他的手拉高，让他掌握如何保持身体平衡。这一时期的宝宝很喜欢爬楼梯，即使是外面的楼梯，妈妈也不要因为脏或危险而阻止他，应让他尽情地爬。妈妈只要跟在后面，时时注意他的安全就行了。

游戏指导：

由于运动量较大，强度较高，游戏时间不宜太长。

专家育儿：

1岁左右的宝宝，大多喜欢爬楼梯，看到楼梯就会一层一层地往上爬。刚开始，有些宝宝会上楼不会下楼，于是他们就会哭着叫妈妈，妈妈这时应该教他用手扶着楼梯，身体重心向后，用脚一边摸索一边下来，这样宝宝很快就可以学会爬楼梯了。

推车

Tui Che

游戏目的：

训练宝宝的行走能力。

游戏内容：

当宝宝能自己站起来时，妈妈可拉着他的手，试着引导他往前走，每走一步，妈妈都要鼓励宝宝说："好棒，再来！"家里如果有手推车，不但可以让宝宝扶着它站起来，还可以把玩具放在手推车中，让宝宝玩拿进拿出的游戏。天气变暖时，也可以把各种玩具放在手推车内，让宝宝推着车在户外玩。

游戏指导：

手推车的高度不太适合宝宝时，妈妈要帮助宝宝推车，同时要注意安全，防止宝宝摔倒。

专家育儿：

宝宝到了1岁之后，无论是体形还是个性的差异都会逐渐显现。运动方面也一样，有的宝宝已经走得很好，有的却还要扶着东西才能站立。个体发展的差异是天生就存在的，只要孩子各方面的成长是健康的，家长就不必为此多担心。

追逐

Zhui Zhu

游戏目的：

训练宝宝的行走、攀爬能力。

游戏内容：

妈妈和宝宝一起玩上坡、下坡的游戏，或让宝宝在凹凸不平的地方爬行。可能的话让宝宝到外面爬，如果找不到地方，可以用棉被或木板做成缓坡让宝宝上下爬动。这个游戏也可改成“爬行追逐”游戏，可以是妈妈追宝宝，也可以是宝宝追妈妈。妈妈可以适当加快速度，宝宝的速度也会增加。被抓到时，妈妈就将宝宝抱起来，同时说：“被抓到啦！”

游戏指导：

首次做这样的游戏时坡度不要太陡。

专家育儿：

1岁至1岁半的宝宝除了吃饭睡觉就是玩。宝宝和大人不同，玩就是学习、成长，也可以说是他们的生活。宝宝通过玩，发展了自己的身体机能，丰富了思想感情，学到了许多知识，增加了对社会的认知，对外面的世界有了一个初步的印象，为他们以后更多接触社会打下基础。

扶着走

Fuzhe Zou

游戏目的：

训练宝宝的行走能力、平衡感。

游戏内容：

妈妈两手握住宝宝的手，一步步往后退，让宝宝慢慢迈步向前。或者让宝宝手扶着童车慢慢向前推。宝宝推着童车会兴致勃勃，而且走得较稳。也可以让宝宝试着推车转向行走，妈妈在旁边保护，以防宝宝摔倒。或者让宝宝双手扶着床沿站好，妈妈在他身旁用玩具逗引，让宝宝扶床沿向前走。看宝宝走得比较稳了，再引导宝宝一只手扶床沿向前直走。

游戏指导：

不要让宝宝长时间行走，因为这个阶段的宝宝腿部肌肉还不够有力，容易疲劳。

专家育儿：

临近两岁的宝宝能独立行走，可以用简单语言表达情绪。父母应多训练宝宝的四肢，以配合宝宝的全身运动，从而使宝宝的各个器官发育得更健康、灵活。让宝宝真正地在活动中得到发展，提高宝宝的协调、平衡能力，是这一时期的游戏训练重点。

走斜坡

Zou Xiepo

游戏目的：

锻炼四肢协调和平衡能力。

游戏内容：

准备一条宽35—40厘米，长1米左右的厚木板，把一端垫高约10厘米，做成一个斜坡，或者利用户外的自然斜坡。开始时，妈妈可用一只手扶着宝宝走上斜坡，待宝宝走稳后，可鼓励宝宝不借助外力独自走斜坡。

游戏指导：

一方面妈妈要保护好宝宝的安全，另一方面可以根据宝宝的个人情况，适当加大一点难度。

专家育儿：

凡是可以刺激视、听、嗅、味、触等感觉的活动都是玩儿，都是游戏。例如注视父母的表情、听音乐、与人对话、尝试不同的味道、玩水，甚至学习爬、钻、走、滚，练习用汤匙吃饭、杯子喝水等，都是很有趣的游戏。游戏中的亲子互动远远胜于游戏的内容与成绩，为了宝宝健康成长，年轻的父母应多带宝宝尽情地玩耍！

过小桥

Guo Xiaoqiao

游戏目的：

训练宝宝直线走路的能力。

游戏内容：

准备一块20厘米宽、100厘米长的玩具橡胶板，铺在地上当作小桥。父母先做示范，从小桥上过去，然后可采取多种方法吸引宝宝也从小桥上走过去。

游戏指导：

可以让宝宝提着小桶，里面随便装点什么东西，让他从小桥上走过去，把小桶送给某一个家庭成员。总之要注意多变换游戏的内容。玩的时候，最好是父母在前面走，让宝宝跟在后面走。

专家育儿：

两岁左右的宝宝，通过游戏发展运动能力的同时，还应配合其他一些相关游戏，促进模仿能力和语言表达能力的初步形成。要有意识地培养宝宝对简单事物的辨识能力，以提高宝宝的思维能力。

倒退走

Daotui Zou

游戏目的：

训练宝宝的行走能力、平衡感。

游戏内容：

在地上画一条线，让宝宝在上面直走或横着走，不过宝宝最喜欢玩的还是倒退走。一开始他会小心翼翼地一边走一边回头看，妈妈可以陪着他玩，看谁先走到终点。

游戏指导：

最好是在草坪或床上让宝宝练习倒退走，以免摔伤宝宝。

专家育儿：

两岁左右的宝宝，对其他小朋友玩的游戏、玩具等都非常有兴趣，希望能和其他小伙伴一起玩。在玩的过程中，宝宝其实就已经开始学习如何与人相处、如何遵守游戏的规则了。

砖上走

Zhuanshang Zou

游戏目的：

训练平衡能力。

游戏内容：

带宝宝到户外，找五六块砖放在地上，每块砖间距 10 厘米左右（或视宝宝步子大小安排），让宝宝踩在砖块上走。

游戏指导：

宝宝熟练后可把砖块距离拉大，也可以增加砖块。

专家育儿：

从 1 岁半左右开始，宝宝大都进入了活泼好动的阶段，喜欢一些活动性很强的游戏，看到能推或能拉动的交通工具，总是想自己坐上去看看。身体能力发展较快的宝宝，两岁左右的时候，甚至要自己骑儿童三轮车了。

过 河

Guo He

游戏目的：

训练宝宝大动作能力和平衡能力。

游戏内容：

妈妈在地上用粉笔画两道线表示大河，在河里画些圆圈当石头，告诉宝宝："河里有水，踩在石头上就可以过去，小心不要掉到河里去哟。"

游戏指导：

如果宝宝觉得乏味，可带宝宝到室外去做这一类游戏。

专家育儿：

接近两岁的宝宝，还不会自己荡秋千，只会爬上滑梯，自己滑下来。部分宝宝可以抓着单杆让身体晃来晃去，大多数的宝宝在平衡台上可以走上十余步。

攀登

Pan Deng

游戏目的：

锻炼全身动作协调能力。

游戏内容：

带宝宝到儿童乐园或幼儿园的攀登架前，教宝宝用手抓住上面的横杆，脚蹬底下的横杆，一步一步自己爬上攀登架。熟练后，还可教宝宝练习攀爬软梯。

游戏指导：

这一类游戏很多都可以在平时的生活中进行，父母要及时对宝宝进行训练、指导；同时，要注意保证宝宝的安全。

专家育儿：

两岁半左右的宝宝可以完全不依赖父母和其他支撑物，进行自由行走和跑动了。这个时期游戏的重点，应当放在发展宝宝全身动作的协调配合上，加强对宝宝全身肌肉的锻炼，进一步发展平衡、协调能力。

用筷子

Yong Kuaizi

游戏目的：

提高手的能动能力。

游戏内容：

跟宝宝玩“过家家”时，给宝宝一套漂亮的玩具餐具，教会宝宝如何使用筷子，可以指导宝宝用拇、食、中指操纵第一根筷子，用无名指、小指固定第二根筷子，让宝宝用筷子夹碗中的糖果。当宝宝能用筷子夹起东西时，妈妈应立即给予表扬：“宝宝真棒！”

游戏指导：

用餐时给宝宝也准备一双筷子，让他和大人一样使用筷子吃饭，适时给宝宝一些赞扬以鼓励他。

专家育儿：

在1岁多的时候，宝宝就已经开始尝试用勺子自己吃饭了，但在那时，别的事物或玩具往往容易吸引宝宝，从而使宝宝中断吃饭。两岁以后，许多宝宝都会自己要求用筷子吃饭，这也正是培养宝宝学会独立吃饭的好时机。

玩 水

Wan Shui

游戏目的：

让宝宝感觉水的浮力和流动性。

游戏内容：

在浴盆里放满水，将宝宝的玩具小勺、漏斗、小碗、小盆及塑料小鸭子全都放进水里。妈妈给宝宝轻轻擦洗身子，指导宝宝用小勺、小盆装水往自己身上淋。塑料鸭子浮在水面上，可以让宝宝推着鸭屁股前进。流动的水对这个阶段的宝宝来说，很有吸引力，经常让宝宝接触水，可以提高宝宝皮肤的敏感度并能润滑皮肤。

游戏指导：

这种游戏适合夏天玩，但不可玩得过久，谨防宝宝感冒。

专家育儿：

逐渐完善的运动神经，让两岁半左右的宝宝变得非常好动。他经常到处乱跑，跟别的小朋友嬉戏玩耍。即使在坡道上、沙上行走时，都可以把身体平衡得很好。这个阶段的宝宝已经能单脚站立两秒钟，能够拿着两个杯子来回倒水，而不会将水洒出去。能用积木搭桥，搭出凳子和桌子。

高处取物

Gaochu Quwu

游戏目的：

提高宝宝的四肢协调能力。

游戏内容：

将能吸引宝宝注意力的玩具放在略高于宝宝身体的小柜台上。妈妈帮宝宝放好小椅子，保护宝宝顺着椅子往上爬，把玩具拿下来。游戏之前，妈妈要检查椅子是否放好，有没有危险。游戏时，妈妈一定要站在一旁保护，防止宝宝摔下来。宝宝取到玩具之后，妈妈应该当即表扬："宝宝真厉害！"

游戏指导：

当宝宝能够完全自如地拿取高处物品之后，妈妈一定要注意把洗涤剂、药品、化妆品等东西收藏好，避免让宝宝误食，发生安全事故。

专家育儿：

两岁以后，宝宝的运动神经有了明显的进步，步态与前一时期相比，已经比较平稳了。此时的宝宝，开始对"爬阶梯"之类的活动表现出很大的兴趣，而且现在可以单脚交互上下阶梯了，不用像以前一样，上阶梯时要等到双脚都站稳后才能继续前进。

妈妈的影子

Mama De Yingzi

游戏目的：

锻炼宝宝身体的协调性、动作的平衡能力，促进宝宝神经系统的正常发育。

游戏内容：

在天气比较好的时候，妈妈可以带着宝宝到室外比较开阔的平地上，玩追人踩影子的游戏。先告诉宝宝什么是影子，然后让他跟着妈妈的影子跑。妈妈可以不断变换方向，这类游戏对宝宝的运动能力和反应能力有极好的促进作用。

游戏指导：

妈妈在跑动时转弯不可太急，否则，宝宝可能无法适应。

专家育儿：

接近 3 岁的宝宝，大都喜欢“开步跑”，妈妈要费很大的劲才能追得上。有时宝宝会在快速奔跑中突然停下脚步，转向另一个方向，这种运动技巧连成年人都惊叹不已。不仅如此，这一时期的宝宝还会单脚站立、脚尖站立，运动能力飞速发展。

穿木珠

Chuan Muzhu

游戏目的：

锻炼双手配合能力，掌握精细的手眼协调。

游戏内容：

准备一根绳子，一些直径在两厘米以上的大木珠（如废弃的算盘珠子）。较大的木珠是为了防止宝宝不小心吞下。珠孔口径为5毫米，这样绳子不至于太难穿入。父母可以先示范将绳子从珠孔一端穿入，再从另一端将绳子拉出来，宝宝就会模仿大人的动作，将珠子穿到绳子上。

游戏指导：

宝宝只能穿两三个珠子也可以。

专家育儿：

这类游戏非常有利于宝宝运动神经的发展。体力和运动神经关系着宝宝将来的健康成长，所以在宝宝2—3岁的时候，妈妈应该尽可能多地让宝宝玩这类游戏，为宝宝的将来打好基础。

玩皮球

Wan Piqiu

游戏目的：

促进全身各部位及运动神经的发展。

游戏内容：

各种不同花色的球是宝宝最喜欢的玩具。球类游戏可以促使宝宝全身各部位及运动神经的发展。这个时期的宝宝已经能够充分掌握球的弹性，并能把球玩得很棒了，如拍球，或把球往墙壁上踢再接住。

游戏指导：

宝宝玩的球要大小适宜，符合宝宝的具体情况。

专家育儿：

3 岁的宝宝，非常喜欢跳跃，喜欢那种居高临下的气势。这样的活动和行为使他们乐此不疲，像个小蹦豆一样，四处乱蹦，让大人既开心又担心。保证宝宝的安全是这个时期父母的第一要务。

跳芭蕾

Tiao Balei

游戏目的：

锻炼宝宝的腿部肌肉。

游戏内容：

给宝宝穿上软底的鞋，要求宝宝踮着脚尖走路。为了增加游戏的吸引力，可以让宝宝扮演小动物，并要求“小动物”悄悄地踮着脚走路，不能发出声音。

游戏指导：

游戏刚开始时，很多宝宝都不会把脚尖踮起来，妈妈可以帮助宝宝完成并注意保护宝宝的安全。

专家育儿：

2—3 岁阶段的宝宝，双脚肌肉的力量在迅速增加，对身体平衡的控制更加自如。胳膊和手上的劲也越来越大，能提起一些较重的东西，对物体的操作也日趋精细和准确。

全身活动

Quanshen Huodong

游戏目的：

训练宝宝全身的平衡感。

游戏内容：

跑、跳是基本的运动能力。宝宝的智能发育与运动能力发展有密切的关系，为了让宝宝的各种能力能均衡发展，一开始就应该让他尽情地跑、跳。找一个安全的地方，像公园、运动场等，让他随心所欲地跑。只要不太危险，尽量别限制他和大家一起玩。利用亲子间的肌肤接触，帮助幼儿扩展运动能力。宝宝在幸福感和安全感的鼓励下会尽情地活动身体。

游戏指导：

活动形式要多样化，让宝宝全身都得到活动，不要始终做同样的动作。一些经典的游戏，像骑马、飞天等，不但可以训练宝宝身体的平衡感，也可以补充父母的运动量。

专家育儿：

3 岁左右的宝宝非常好动，父母应尽量给他一个自由活动的空间，发展宝宝日渐发达的肌肉与神经系统之间的配合。有的小孩天生害怕运动，家长这时候要帮助宝宝消除恐惧感，建立运动的自信心。尤其是那些身体比较虚弱的宝宝，父母一定要坚持对其进行运动辅导。

手脑协同训练

母子协作训练

Muzi Xiezuo Xunlian

游戏目的：

训练宝宝四肢的运动能力，激发宝宝对活动的需求。

游戏内容：

（1）让宝宝仰卧，妈妈握住宝宝的双手，把宝宝的双臂向左右展开，再把双臂在胸前交叉，反复4次。

（2）让宝宝仰卧，妈妈握住宝宝的双手，把宝宝的双臂放在体侧，再把双臂复原，反复4—5次。

游戏指导：

妈妈的动作要缓慢、轻柔。

专家育儿：

多数宝宝在3个月左右，已经初步具备了手与脑的协作能力。仰卧时会立即接近和抓握拨浪鼓或悬环一类的玩具，企图双手接近和抓握方木。有的宝宝甚至能抓握两块以上的方木，还能抓起掉落的玩具。

俯卧抬头训练

Fuwo Taitou Xunlian

游戏目的：

训练宝宝颈、胸、背的肌肉，发展宝宝动作的协调性。

游戏内容：

让宝宝俯卧在软床上，让宝宝双臂曲肘，双手向下支撑住身体。妈妈在前面引逗宝宝，训练宝宝抬头，让宝宝产生向上、向前运动的欲望。

游戏指导：

在宽大的床上进行游戏，以避免发生危险。

专家育儿：

当宝宝能够拍打、抓握各种不同质地的悬挂玩具时，俯卧抬头训练就显得尤其重要而紧迫。同时，3个月左右的宝宝开始对语气、语调感兴趣，应注重训练宝宝的听觉能力、语言理解能力，养成与宝宝说话的习惯，通过语言引起宝宝的愉快情绪。

转头训练

Zhuantou Xunlian

游戏目的：

训练宝宝的感觉能力，发展宝宝转动头颈的能力。

游戏内容：

在宝宝吃饱后清醒的情况下，让宝宝仰卧，进行下面的训练：（1）妈妈在宝宝的左侧，边用手指轻轻触摸宝宝的左脸、左耳，边说“转过来，转过来”，引逗宝宝把头向左转。（2）妈妈在宝宝的右侧，用手指轻轻触摸宝宝的右脸、右耳，边说“转过来，转过来”，引逗宝宝把头向右转。

游戏指导：

每个宝宝的发展差距较大，有些宝宝还不会转头时，妈妈也不必担心，可以重复进行这样的训练。

专家育儿：

满月后的宝宝手脚活动频繁，精力充沛，开始养成白天醒着、晚上睡觉的睡眠习惯。有些宝宝在两个月时就能将头抬起数十秒钟。3 个月的时候，部分宝宝的脖子已经比较有力量了，这表明宝宝的脑部正在发展，脑神经开始对身体各部分分别下达指令。

手指训练

Shouzhi Xunlian

游戏目的：

训练宝宝双手的握持能力，发展宝宝双手的感觉能力。

游戏内容：

妈妈在宝宝清醒时，把一个手指伸给宝宝，引逗宝宝握持。妈妈可以轻轻移动手指，引导宝宝用手握持。

游戏指导：

刚开始时，妈妈可以训练宝宝单手握持，宝宝熟练握持妈妈的手指后，可以进一步训练宝宝双手握持。（此项训练可以在宝宝出生 20 天以后开始进行。）

专家育儿：

3 个月左右的宝宝，主动抓握的能力有了很大发展。用拨浪鼓柄触碰宝宝的手掌，他能抓握住拨浪鼓并举起，而且拨浪鼓能留在手中达半分钟之久。仰卧时，宝宝能用手指抓自己的身体、头发和衣服，有时还能将较轻的物品抓起来或举起来。

敲打手指训练

Qiaoda Shouzhi Xunlian

游戏目的：

训练宝宝手指的感觉能力。

游戏内容：

妈妈拿着宝宝的一只手，用另一只手的食指按顺序轻轻敲打宝宝的大拇指 5 下、食指 5 下、中指 5 下、无名指 5 下、小指 5 下。敲打完宝宝的一只手后，换另一只手。

游戏指导：

有些宝宝不愿意把手指伸开，游戏时不可以强求宝宝。

专家育儿：

多数宝宝到了 4—6 个月，经常会注视自己的小手或眼前的玩具。这个阶段，父母安排的游戏应当注重发展宝宝的触觉与手眼协调能力，以训练宝宝手的动作技能。

用手指捡东西

Yong Shouzhi Jian Dongxi

游戏目的：

训练宝宝手指的灵活性。

游戏内容：

妈妈在桌子上放一些小物品，如小糖块、玻璃球、蚕豆、碎饼干等。妈妈指导宝宝用大拇指、食指、中指三个指头将这些小物品捡起来。

游戏指导：

有些任务宝宝可能完不成，妈妈可以多引导练习几次。

专家育儿：

在6个月之前，宝宝一般都是用整只手去抓握物品，还不会用五个手指拿取物品，更不会用两三个手指去完成拿取的动作。手指灵活拿取物品的动作，是宝宝发展精细运动能力的基础和条件，妈妈应尽早训练宝宝学会用手指取物。

取物品

Qu Wupin

游戏目的：

训练宝宝手指的灵活性，发展宝宝的运腕能力、注意力和手眼协调能力。

游戏内容：

妈妈还可以引逗宝宝玩一个玩具，然后从宝宝手中抢出玩具，当着宝宝的面，用布包上玩具（不要包得太紧），看一看宝宝会不会将布打开，取出玩具。

游戏指导：

这时的宝宝可能还不会用两三个手指拿取物品，因此妈妈可以先训练宝宝使用五个手指取物，熟练后再训练他用两三个手指取物。

专家育儿：

6个月以前的宝宝，大都是用一双手或者一只手拿取物品。妈妈要鼓励宝宝："试一试只用三个手指取出物品。"妈妈可以先示范一下，再鼓励宝宝用三个手指取物。

屈伸手指训练

Qushen Shouzhi Xunlian

游戏目的：

训练宝宝手指的灵活性，发展宝宝手指的肌肉运动能力。

游戏内容：

妈妈拿着宝宝一只手的大拇指进行屈伸练习，反复 5—6 次，动作要轻柔。以此类推，按顺序分别拿着宝宝的食指、中指、无名指、小指进行练习。训练完一只手，再训练另一只手。

游戏指导：

训练宝宝屈伸手指时要有耐心，不能催促宝宝。

专家育儿：

在此之前的宝宝，只能用手指和手掌抓东西，现在宝宝已能用拇指和食指拿东西了，进步是相当大的。7—9 个月的宝宝会打开抽屉或容器的盖子，拿出里面的东西来玩，对生活中的各种用具相当好奇，经常会动手去拿。妈妈需注意不要让宝宝接近危险的东西。

手指相对训练

Shouzhi Xiangdui Xunlian

游戏目的：

训练宝宝手指的感觉能力。

游戏内容：

妈妈拿着宝宝的双手，让宝宝双手的大拇指相对轻轻地对拢后分开，反复几次。以此类推，按顺序分别拿着宝宝双手的食指、中指、无名指、小指进行练习。

游戏指导：

游戏最好在宽大的软床上进行。游戏时，妈妈要先给宝宝做示范，让宝宝学习怎样使手指对拢后分开。

专家育儿：

多数 7—9 个月的宝宝，能从杯中取出方木，能将方木拿起投入到水杯中；能用拇指和食指捏起小球。平剪式抓握时，能成功地用拇指和卷曲的食指侧面抓起小球（平剪式即平着握剪刀的姿势）。

手指按压

Shouzhi Anya

游戏目的：

训练宝宝手指的灵活性，发展宝宝手指的触觉能力。

游戏内容：

妈妈按顺序进行下面的训练：（1）妈妈用双手握着宝宝的双手，让宝宝双手的食指按压气球，反复按压 5—6 次。（2）妈妈用双手握着宝宝的双手，让宝宝双手的中指按压气球，反复按压 5—6 次。（3）妈妈用双手握着宝宝的双手，让宝宝双手的无名指和小指按压毛绒玩具，反复按压 5—6 次。（4）妈妈用双手握着宝宝的双手，让宝宝双手的中指和食指按压馒头或其他柔软的物品，反复按压 5—6 次。

游戏指导：

游戏时，宝宝可能不愿意伸出某个指头，妈妈也不要勉强，多做几次宝宝就配合了。

专家育儿：

每个宝宝的个性都不相同，有的爱哭，有的则很温顺。一般来说，对于爱哭的宝宝，妈妈所花费的时间较多；对于温顺、不太爱哭的宝宝，妈妈则轻松一些。其实，越是不爱哭的宝宝，妈妈越要花较多的时间和他玩游戏。

撕纸训练

Sizhi Xunlian

游戏目的：

训练宝宝手指的灵活性和目的性，锻炼宝宝的手眼协调性。

游戏内容：

妈妈给宝宝一张纸，自己也拿一张。然后，妈妈把纸一点点撕碎，让宝宝模仿自己撕纸玩。妈妈依次拿出三角形、圆形和正方形的纸让宝宝看看，然后把纸给宝宝，让宝宝撕纸玩。

游戏指导：

拿给宝宝的纸张不宜太厚、太硬。

专家育儿：

10—12 个月的宝宝特别喜欢撕纸，把手插到洞内，从高的地方丢东西，把柔软的东西捏碎，把收好的东西拿出来，泼水等等。随着宝宝的日渐成长，这些行为会对宝宝手的运动、思考方式、对事物的处理方式产生重大的影响，与宝宝智能的发展息息相关，因此父母应该为宝宝准备一个适当的游戏场所。

感知训练

Ganzhi Xunlian

游戏目的：

训练宝宝的感知能力，引导宝宝的动作需求。

游戏内容：

妈妈用一些色彩鲜艳、能发出悦耳声音的物品，激发宝宝的兴趣。这样，不但可以训练宝宝的听觉和视觉，更重要的是还能引导宝宝的动作需求。如妈妈在宝宝眼前摇拨浪鼓，出生 1 个月的宝宝虽然还不能伸出手去拿，但只要认真观察就能感觉到，宝宝的双手和身体的一部分表现出想伸手拿取的需求和欲望。

游戏指导：

刚出生不到 3 个月的宝宝，尽管还不能进行四肢的大运动和手指的精细运动，但已有了动作需求。这个阶段的训练任务是培养宝宝的动作需求和欲望，妈妈可以利用各种机会进行灵活多样的训练。

专家育儿：

从两个月左右开始，多数宝宝听到妈妈的声音会露出微笑。这时宝宝的体格已逐渐稳健，可以经常让他趴着玩，以促进脖颈的发育。宝宝状态好的时候和他做做游戏，这一点非常重要。

视觉训练

Shijue Xunlian

游戏目的：

训练宝宝的视觉能力，为宝宝手眼协调做准备，同时训练宝宝的注意力。

游戏内容：

在宝宝吃饱后清醒的情况下，妈妈把各种常见的不同大小、形状、质地的物品拿给宝宝看，并告诉宝宝物品的名称，可能的话还要拿着宝宝的手抚摸一下物品。

游戏指导：

此项训练可以在宝宝出生 1 个月后进行，这时宝宝的视力有了进一步发展，但仍较弱，因此妈妈要注意加强这方面的训练。

专家育儿：

宝宝在 0—3 个月阶段，接触和看、听一样重要。多让他触摸不同质感的东西，让他拿在手中摇动、敲打，尽量利用手指头玩游戏。宝宝想做动作、想玩游戏的时候，是身心发育的最佳时机，每个宝宝都是从这里开始自己成长的第一步。

感觉训练

Ganjue Xunlian

游戏目的：

训练宝宝的听觉和感觉能力，满足宝宝的动作需求，同时促进注意力的发展。

游戏内容：

妈妈用色彩鲜艳、能发出声音的物品，在宝宝面前从左缓慢移动到右，再从右缓慢移动到左，重复进行几次，以吸引宝宝的注意力。

游戏指导：

使用的物品一定要色彩鲜艳、能发出声音，这样才能更好地吸引宝宝的注意力。

专家育儿：

书上的内容永远都是有限的，平时妈妈应尽量多提供纸笔，鼓励宝宝多画自由画、想象画、命题画、情景画，多使用色彩表达感受，最终达到较理想的水平。除了提供纸笔，手眼协调能力随时随地都可以进行训练，如鼓励宝宝生活自理、多动手玩玩具等。

握持训练

Wochi Xunlian

游戏目的：

训练宝宝手的握持能力，发展宝宝手的肌肉运动能力，丰富宝宝的触觉刺激体验。

游戏内容：

妈妈把光滑的棒状物放到宝宝手上，注意物体的大小要和宝宝的手相匹配，引导宝宝握持。宝宝握住后妈妈就放开手，看看宝宝能握持多久，训练宝宝独立握持的能力。

游戏指导：

（1）妈妈可以经常更换各种材料的物体，如木头的小棒、金属的小棒，以丰富宝宝手的感知能力。（2）妈妈可以先让宝宝单手握持，过一段时间后再训练宝宝双手握持。（3）在宝宝能够握持物体较长时间后，妈妈要试着轻轻地“抢”宝宝手中的物体，以促使宝宝加大握力，训练宝宝手部的力量，为以后的动作发展打基础。

专家育儿：

训练宝宝手的握持能力，妈妈要注意应从训练宝宝的单手握持开始，过一段时间后再进行双手的训练。训练要循序渐进，否则欲速则不达。

抓物训练

Zhuawu Xunlian

游戏目的：

训练宝宝手的运动能力，发展宝宝的手眼协调能力。

游戏内容：

妈妈用色彩鲜艳、能发出声音的玩具，引逗宝宝，让宝宝伸手来抓。当宝宝刚要抓住玩具时，妈妈就将玩具移开一点，让宝宝再努力去抓，这时妈妈要让宝宝拿到玩具。妈妈引逗宝宝时，可以配合语言，如可以说："宝宝来抓呀，来抓呀！"

游戏指导：

玩具色彩要鲜艳，以激发宝宝的游戏兴趣。妈妈给宝宝说话时，声音要清晰、缓慢。

专家育儿：

宝宝的认物一般分两个步骤：一是听物品名称后学会注视；二是学会用手抓。通常，学会认第一种东西用 15—20 天，学会认第二种东西用 12—18 天，学会认第三种东西用 10—16 天，也有一两天就学会认识一件东西的。

捏糖丸

Nie Tangwan

游戏目的：

训练宝宝用拇指和食指配合捏物，锻炼灵活性和手眼协调能力。

游戏内容：

让宝宝坐在妈妈的腿上，两肘搁在桌面上。在桌上的盘子里放一个有盖的透明的杯子，里面装有彩色糖丸。妈妈先摇动杯子让糖丸在杯中跳动并发出柔和的响声，引起宝宝游戏的兴趣，再打开盖子（让他发现糖丸），把糖丸倒在盘子里，告诉他“这是糖”。妈妈边说边示范，把一粒糖丸从盘里拣起放进杯子里。放进几粒后，让宝宝用拇指和食指捏起小丸，再放进杯子里。一开始妈妈可以手把手教他，稍熟练后可让他自己玩。糖丸都放进杯里后再加盖摇一摇，发出有趣的声音，以此作为鼓励。

游戏指导：

游戏时妈妈一定要集中注意力，细心观察，防止宝宝吞食糖丸，发生安全事故。

专家育儿：

从半岁开始，宝宝什么事都想做做看，简直是一个不知疲倦的活动家！当宝宝知道仅依靠自己的力量做不到时，他就会想法子要求妈妈帮他做。他会用“啊——啊——”一类的声音来表示，妈妈不在身边时他会大声呼唤。这种行为建立在信赖关系的基础上，宝宝知道妈妈会满足自己的要求。

有目标地掷物

You Mubiao De Zhiwu

游戏目的：

训练宝宝动作的力量和目的性，发展宝宝的注意力和初步把握空间方位的能力。

游戏内容：

让宝宝扶靠在小床边上（妈妈给予必要的扶持），或者让宝宝坐在小车上，妈妈给宝宝一些玩具，引逗宝宝把玩具一遍遍扔下去。妈妈可以在旁边放一个盆，让宝宝把玩具扔到盆里。当然，宝宝不一定扔得准，只要有目标意识就可以。

游戏指导：

多数宝宝都有一遍遍扔物品的行为，这是正常的，妈妈可以抓住这个机会引导宝宝有目标地掷物。

专家育儿：

有目标地掷物是一个综合性游戏。进行游戏时，一方面要做好宝宝的安全保护，另一方面要让宝宝学习掌握平衡感。一开始投掷的物品不宜太小，距离不宜太大，要逐渐加大游戏的训练难度，让宝宝手与脑的配合得到真正的锻炼。

双手捡物

Shuangshou Jianwu

游戏目的：

（1）训练宝宝手指的灵活性和手眼协调能力，发展宝宝双手有节奏的协调动作能力。（2）培养宝宝的语言理解能力。

游戏内容：

妈妈在宝宝面前，左边摆放一堆糖块，右边摆放一堆小积木块，然后指导宝宝双手轮流捡起糖块和积木块。妈妈同时用语言指导宝宝："捡一块积木，再捡一块糖，捡一块放到指定的箱里以后再接着捡。"

游戏指导：

一些宝宝不能按妈妈指定好的顺序完成动作，但只要宝宝"一块一块"地进行游戏就算通过。

专家育儿：

1岁至1岁半这一阶段，同类游戏的训练目的有两个：一是通过训练宝宝双手操作物品的能力和手指的灵活性，发展宝宝的身体平衡能力和控制动作的能力，促进宝宝的脑发育，提高身体与脑功能的协调能力；二是促使宝宝身体各器官的健康发育，提高宝宝的身体素质。

用笔画线

Yong Bi Huaxian

游戏目的：

训练宝宝手与脑的配合能力。

游戏内容：

先让宝宝自己乱涂乱画，然后取出一张纸，妈妈在上面画一条直线，同时对宝宝说："看，这么画一下像什么？"把笔交给宝宝说："你来画画。"游戏可重复数次，并以手势示意要宝宝模仿。在宝宝模仿画了一条直线后，妈妈再画一道水平线（从左边到右边），边画边说："现在我们这样画，你看好不好？"之后让宝宝画。

游戏指导：

注意宝宝画线的方向。

专家育儿：

1岁至1岁半的宝宝，多数都能将小球放入瓶子，也能自己从瓶子中取出小球。宝宝精细动作的发展让人惊喜。大多数较早接触纸笔的宝宝已经能够在纸上自由涂画了。

配合训练

Peihe Xunlian

游戏目的：

通过让宝宝进行物品的选择配合，锻炼宝宝手与脑的协调能力。

游戏内容：

妈妈准备几只大小不同的带盖儿的杯子，先拿出一只杯子，让宝宝尝试选择杯盖儿，妈妈可以对宝宝说：“找一找，哪个盖子是盖这个杯子的？”妈妈可以在宝宝选择后，指导宝宝如何根据杯子选择盖子，然后再让宝宝试一试其他的杯子。

游戏指导：

（1）宝宝可能要用每个盖子反复试验几遍后，才能选择出正确的盖子，请耐心关注。

（2）进行物品配合训练时，选择的杯子大小要有明显的区别。

专家育儿：

为达到手与脑协调训练的目的，从1岁左右就可以开始培养宝宝正确使用餐具和独立吃饭的能力，要求宝宝一手扶碗，一手拿勺吃饭；也可以培养宝宝学习使用筷子，自己用餐巾擦嘴、擦手等等。

抛掷训练

Paozhi Xunlian

游戏目的：

训练宝宝手与臂的协调活动能力，培养宝宝运动的方向性。

游戏内容：

妈妈让宝宝站在小床里，一只手扶床栏杆，另一只手把物品向一个方向抛掷。妈妈可以在宝宝的前面放一个小篮子，然后给宝宝一些黄豆、糖果之类的小物品，让宝宝尽量抛掷到小篮子里。

游戏指导：

有的宝宝可能还不会把手举过头掷物，妈妈不必强求宝宝抛掷时的姿势，主要培养宝宝的抛掷兴趣。

专家育儿：

通过训练宝宝手与臂动作的协调性，让宝宝在运动中获得方向感，从而进一步发展手与脑之间的协调性。爸爸、妈妈可以不断地让宝宝游戏、尝试，以激发起宝宝更多的“既动手又动脑”的兴趣和愿望。

单手抱物

Danshou Baowu

游戏目的：

训练宝宝单手抱物的技巧，发展身体的平衡能力。

游戏内容：

妈妈准备两个适合宝宝单手抱的物品，如两个娃娃、两个气球，依次递给宝宝，让宝宝一手抱一个。宝宝两只手都抱好后走一走，看看会不会掉下来。

游戏指导：

妈妈可以选择大小、形状、重量不同的物品，让宝宝抱一抱，以训练他们根据不同的情况，选择不同的抱东西的方法。

专家育儿：

两岁左右的宝宝，在父母的示范下，初步学会了握笔，能在纸上画出线；能将纸折两折或三折，但不成形状；能捡豆，起初是大把抓，之后是每次捡一个，每分钟可捡10—15个；搭积木能搭高5—6块，等等。

用物打物

Yongwu Dawu

游戏目的：

训练宝宝“打”的动作，发展宝宝肘、腕的力量。

游戏内容：

妈妈摆放 3—4 个小玩具，拿一个细长的竹竿对着玩具打一下，说：“来，我们轻轻敲打几下玩具。”然后把竹竿交给宝宝，让宝宝也模仿妈妈，一边说话，一边击打玩具。反复多次练习时，妈妈要帮助宝宝纠正姿势，学习用“力”。

游戏指导：

妈妈要用心指导宝宝如何使用力量。

专家育儿：

1 岁半至 2 岁这一阶段，这类游戏的重点是发展宝宝动作的目的性和控制能力。只要是宝宝可以独自完成的游戏，就应尽量让宝宝单独去完成。父母要有意识地增加这方面的游戏。

学画画

Xue Huahua

游戏目的：

（1）培养宝宝对画画的兴趣，提高宝宝对颜色的感知能力。
（2）训练宝宝完成精细动作。

游戏内容：

准备一些纸和一盒蜡笔，让宝宝随意涂画。最初的零乱线条是宝宝无意识的涂鸦，妈妈可问："宝宝画的什么呀？"虽然宝宝的答案与线条根本不符，但妈妈还是要鼓励宝宝，夸奖他画得真棒。如果宝宝回答不上来，妈妈可根据涂鸦的线条，再加上几笔构成物体图像，启发宝宝，"宝宝看，这是不是苹果"或"宝宝画的是大苹果"。最后，将宝宝的画给其他家人欣赏并给予夸奖和鼓励。

游戏指导：

（1）妈妈应主动引导宝宝从无意识的涂鸦过渡到有意识的画画，引导宝宝回答"画的什么"是一种有效的方法，可启发宝宝注意使线条构成图像。

（2）妈妈在为宝宝添画线条构成图像时，不要随意改动宝宝的线条，同时要给予充分的鼓励，以保护其自尊心。

专家育儿：

宝宝最初的涂鸦虽然是一种无意识的行为，但对宝宝发展潜力具有极大的意义。它能使宝宝发现线条之间的联系和奇妙，从而使宝宝完成精细动作，锻炼手眼协调。

捏橡皮泥

Nie Xiangpini

游戏目的：

训练宝宝双手的协调性和手指的灵活性，发展宝宝的造型能力和空间认识能力。

游戏内容：

妈妈准备一块橡皮泥，问宝宝："我们用橡皮泥做一个什么好呢？"有些宝宝便会发挥自己的想象力，说："做一只大象。"妈妈可以说："大象太复杂了，咱们来做一个圆球好不好？"宝宝欣然同意后，让他看看自己的玩具小皮球，让宝宝开始尝试把橡皮泥搓成圆形。做得好的话，能给宝宝带来成功感和自信心。

游戏指导：

妈妈可以适时指导宝宝做更复杂一点的东西。

专家育儿：

利用橡皮泥进行造型训练是发展宝宝手脑协调的一种有效方法，尤其是对宝宝建立立体概念有着重要的意义，妈妈可以多进行这种训练。

手指造型

Shouzhi Zaoxing

游戏目的：

训练宝宝手指的灵活性和力量，发展宝宝的动作控制能力。

游戏内容：

让宝宝效仿妈妈伸出相同的手指，按顺序进行下面的训练：妈妈双手举起，每只手伸出大拇指、中指；妈妈双手举起，每只手伸出小指、大拇指；妈妈双手举起，每只手伸出小指、无名指；妈妈双手举起，一只手伸出小指，一只手伸出食指、中指和小指。

游戏指导：

妈妈要先做好示范动作，让宝宝注意观察，同时配合语言指导。

专家育儿：

多数两岁至两岁半的宝宝握笔姿势较以前更规范，从只能画不规则的线条逐步过渡到能画规则线条和圆圈；会叠方块，边角基本整齐，能角对角地折成三角形；能用积木摆出简单的物体形状；能熟练地用玻璃丝连续穿 4—5 个扣子，并能将线拉出；能配合大人穿、脱衣服，会自己穿鞋和袜。

拉拉链

La Lalian

游戏目的：

训练宝宝学习使用拉链，发展宝宝的思维能力。

游戏内容：

妈妈为宝宝准备一只有拉链的小袋子，让宝宝先拉开拉链，把一些小物品如糖果等放到里面。然后，让宝宝把袋口倒过来，宝宝会发现物品都掉出来了；再让宝宝把物品放入袋里，拉上拉链，这时把袋子倒过来，物品就不会掉出来了。妈妈再问宝宝："要把糖果拿出来怎么办呀？"看看宝宝是否知道拉开拉链。

游戏指导：

给宝宝做游戏用的拉链最好是比较粗大一些的，易于宝宝观察和使用。

专家育儿：

这类游戏重点训练宝宝动作的目的性、稳定性、灵活性和协调性。通过对宝宝手与脑的配合训练，发展宝宝的记忆能力、观察能力和手脑协调能力，让宝宝的手指在游戏中变得更加灵活、有力。

端物行走训练

Duanwu Xingzou Xunlian

游戏目的：

（1）训练宝宝端物行走的能力。
（2）发展宝宝的平衡能力和动作的协调性。

游戏内容：

妈妈让宝宝双手端一只空的塑料碗从一个地方走到另一个地方。妈妈要注意让宝宝把碗靠在胸前，端碗行走，宝宝看不到脚下，行走起来主要是凭感觉。妈妈要注意保护宝宝，告诉宝宝先看好前面的路，然后再慢慢地走。

游戏指导：

经过几次端空碗走路训练后，如果宝宝能自如地行走，平衡性也不错了，妈妈就可以训练宝宝端着装有物品的碗行走。如在碗里装一些黄豆，这样宝宝行走起来还要注意碗的平稳，否则碗里的东西就会洒出来。在宝宝能端着装有黄豆的碗行走后，还可以训练宝宝端着装有水的碗行走，逐渐增加难度。

专家育儿：

两岁以后的宝宝，身体平衡能力已经有了很大发展，走路姿势已经基本正确，双脚能交替上下楼梯了。他们跑、跳、攀登、钻圈、投掷的能力也得到了极大的发展。这个阶段的大多数宝宝已经能够完成各种游戏。

串珠子

Chuan Zhuzi

游戏目的：

训练宝宝手指的灵活性，发展宝宝手眼的协调性和对动作的控制能力。

游戏内容：

妈妈为宝宝准备一些较大的扣子和一根细长、能穿过扣眼的棍子。让宝宝一手拿扣子，一手拿小棍子，把扣子一个个串在小棍子上。

游戏指导：

如果没有棍子，也可以用一根较硬的细绳代替。

专家育儿：

从3岁左右开始，多数宝宝已经可以用正确的姿势握笔，会用左手按住纸，能模仿画“气球”“下雨”“栏杆”等等；折纸时，能折正方形、三角形、长方形和小扇子、风琴，边角整齐；可以用积木搭成滑梯、汽车等。这一时期正是训练宝宝手脑协作的关键期。

EQ 训练

音乐欣赏

Yinyue Xinshang

游戏目的：

(1) 训练宝宝的听力，增强宝宝的乐感和注意力。
(2) 训练宝宝的韵律感，培养最初的美感能力。

游戏内容：

（1）准备口琴、吉他、手鼓等乐器。（2）选一支简单的乐曲，分别用各种乐器演奏。（3）选一首轻松悦耳的曲子放给宝宝听。（4）妈妈唱一些曲调舒缓优美的歌谣给宝宝听。

游戏指导：

（1）这个游戏可在早晨喂奶后、午睡起床后、晚上睡觉前玩儿。（2）给宝宝听乐曲最好固定时间和地点，同样的乐曲可以重复播放几次，以增强宝宝的记忆。（3）选择的乐曲要优美、轻柔、明快。

专家育儿：

尽早让宝宝欣赏音乐是很好的“刺激性教育”。父母要选择适当的音乐，而且要多花时间陪宝宝一起欣赏。从某种意义上说，宝宝正是从这里开始他一生的学习。

高音、低音

Gaoyin Diyin

游戏目的：

（1）感受高、低音，训练宝宝初步的音乐感受力。（2）培养宝宝的倾听能力。（3）增进亲子关系。

游戏内容：

妈妈弹有明显高低音区别的曲子（也可放录音），爸爸抱着宝宝倾听妈妈的琴声，并不时地对宝宝说："宝宝听，妈妈弹得多好听。"当听到音乐的高音时，爸爸把宝宝高高举起，说："宝宝比爸爸还高啰！"当听到低音时，爸爸就把宝宝放低，说："宝宝变低了。"这样反复数次。

游戏指导：

（1）此游戏适合在宝宝 3—4 个月时进行。（2）每次进行时，要先让宝宝留意听音乐，感觉到宝宝在听音乐时，再将他举高放低，让宝宝在运动中去感受音调的高低变化。

专家育儿：

这个阶段的宝宝，当妈妈在背后呼唤某人的名字时，会转头寻找被呼唤的人。宝宝不愉快时，会发出音调不同的叫喊声；哭的时候，会发出"妈（mum）－妈"的唇音。

藏猫猫

Cang Maomao

游戏目的：

发展感知能力，知道自己的名字，诱发愉快情绪。

游戏内容：

妈妈把宝宝扶坐在腿上，爸爸用大手帕遮住自己的脸，然后突然探出头来，叫宝宝的名字，逗他发笑，反复几次，他就会注意你常探出头的那一边。再将手帕放在宝宝脸上，看他会不会把脸上的手帕抓下来与你藏猫猫；如果父母先把自己脸上的手帕抓下来，逗宝宝笑，宝宝就会模仿父母的动作。

游戏指导：

换一种方式，父母轻轻摇着小铃铛（或拨浪鼓、玩具钢琴、口琴等）先引起宝宝的注意，然后走到宝宝视线以外的地方，在身体一侧摇响玩具，当宝宝的头转向响声——“找到了”，再把玩具弄出响声，让他高兴。

专家育儿：

3 个月左右的宝宝，很多都会“躲猫猫”。当妈妈和他一起玩游戏，把脸藏在纸后，呼唤宝宝的名字时，能立即引起宝宝的注意。妈妈将纸拿开，宝宝会高兴地发出笑声。这个阶段的宝宝多数已经能够主动与人交流，在与人交流时，他们会采用伸手、拉人或发音等方式。

语言感知

Yuyan Ganzhi

游戏目的：

培养宝宝对语言的感受能力，为宝宝学习发音做准备。

游戏内容：

用相同的语调叫宝宝的名字和其他人的名字。看看在叫到宝宝的名字时，他是否会转过头来，表示领会了。宝宝如果能准确予以回应，妈妈要说“噢，对啦！你就是××”“宝宝真聪明”之类的话，同时把宝宝抱起来，贴贴他的小脸。如果宝宝对叫声没有反应，就要耐心地反复地告诉他：“××，你就是××呀。”

游戏指导：

游戏应当在宝宝情绪愉快时进行。

专家育儿：

3个月以后的宝宝在玩游戏时，不但能逐渐分辨出妈妈、爸爸及其他家人的面孔，还能听出他们的声音。带宝宝外出时，妈妈可以边走边和他说：“哥哥在那边玩呢。”“有狗狗喔。”“好多车子哟。”让他体会社会生活的乐趣。

玩玩具

Wan Wanju

游戏目的：

发展触觉，训练语言理解能力，训练手的抓握能力和手眼协调能力。

游戏内容：

准备不同质地和色彩的玩具，要便于抓握，如摇铃、乒乓球、核桃、金属小圆盒、不倒翁、小方块积木、小勺、吹塑或橡皮动物、绒球或毛线球等。把宝宝抱到桌前，桌面上放几种不同类型的玩具，每次放一种。让宝宝练习抓握玩具，并教他玩法。如宝宝抓住摇铃后，就告诉他名称："摇铃。"再抓住宝宝的手把铃摇响，边摇边说："摇摇铃，摇摇铃。"慢慢让他学着自己玩。学会后，再教另一种玩具的玩法。

游戏指导：

一次不宜教宝宝太多玩具的名字。

专家育儿：

对 4—6 个月大的宝宝而言，他们很喜欢摇晃和挤压玩具。可收集一些在摇晃或挤压时能发出声音的玩具。例如，可发出音响的塑料充气玩具和装有谷粒或大米的调味品罐，它们发出的声音明显不同，宝宝会很乐意探究其中的差别。

积木传手

Jimu Chuanshou

游戏目的：

练习手的技巧，学会解决问题。

游戏内容：

宝宝靠坐，床上放几块积木，让宝宝先拿一块，妈妈再递给宝宝一块。宝宝如果扔掉手中的再去拿新的时，妈妈应抓住宝宝的小手，使其将手中的一块放到另一只手中，不要扔掉。

游戏指导：

练习几次之后，宝宝要是再拿新东西时，就会先把手中的积木放到另一只手里再去拿，这时妈妈要表扬他“真棒！”以巩固这种本领。

专家育儿：

这个阶段的宝宝，像小猫咪、小猴子一样，正经历着一个好奇心极强、也极其重要的早期探索时期。好奇心，既是宝宝学习、获得成长的基础，也是发生危险事件的根源。担心宝宝出事故，就限制宝宝的活动，对宝宝的发展是得不偿失的。

抓手绢

ZhuaShoujuan

游戏目的：

（1）发展用手解决问题的能力。（2）发展自我意识。（3）培养宝宝学会克服困难。

游戏内容：

让宝宝躺在床上，向他挥舞一块鲜艳的手绢，并对宝宝说："宝宝，看，多漂亮的花手绢。"如果宝宝感兴趣，可将手绢移近宝宝，鼓励他抓住，用手绢碰他的手。当宝宝抓不住手绢时，妈妈可以帮助他，把手绢放在他手里，当宝宝握住后，一上一下地拽手绢，让他体会手与手绢的运动。过一会儿，妈妈把手绢蒙在宝宝的脸上，说："啊，宝宝看不见了！"面对突如其来的变化，宝宝可能会手脚乱舞、不知所措。这时，妈妈要柔声安慰宝宝："啊，妈妈在这里呢！"同时鼓励宝宝："宝宝，使劲地抓，把手绢拿下来。"妈妈可拉着他的手去抓手绢。这样反复训练，直到宝宝学会主动地把手绢从脸上抓下来为止。

游戏指导：

在游戏过程中如果宝宝情绪不好，那就过一段时间再做这个游戏。

专家育儿：

把一个动作与动作的结果联系起来，使动作具有目的性，需要一个较长的过程。经过反复训练，宝宝逐渐能把这个结果与自己的动作联系起来，朦胧地意识到自己的动作能产生某个结果，从而产生有目的的行为。

感知游戏

Ganzhi Youxi

游戏目的：

培养宝宝的感知能力，让宝宝在感知事物中学习语言。

游戏内容：

一边让宝宝看不同颜色的气球，一边对宝宝说“这是红/黄/蓝气球”，让宝宝感知不同的颜色，发展宝宝的颜色视觉。一边让宝宝看大小不同的实物图片，让宝宝感知和分辨它们的大小，一边指着图片对宝宝说出名称，如“大狮子、小老鼠”，“大皮球、小皮球”。让宝宝摸棉花和小方木，使宝宝体验物体的不同质地。在床上放一些玩具，如小摇铃、拨浪鼓、小皮球等，让宝宝趴在床上，妈妈逗引宝宝伸手去拿这些玩具，发展宝宝的触觉和手眼协调能力。此时的宝宝虽然还不能吃成人的饭菜，但仍可将宝宝抱到饭桌前，让他闻一闻饭菜的味道，并且尝一尝，以发展宝宝的嗅觉和味觉。

游戏指导：

做这类游戏应当注意宝宝的情绪反应。如果宝宝不喜欢某一活动，游戏就可停止。

专家育儿：

4—7个月的宝宝，他们的感知能力发展惊人。多数宝宝可以抓两块以上的方木，当方木掉下时，宝宝会找方木并伸手拿到它。当毛线球滚过桌子掉下去时，宝宝会转头追找，而且会低头寻找掉下的线球。

自制画册

ZizhiHuace

游戏目的：

培养宝宝的注意力、观察力和初步识认颜色的能力。

游戏内容：

把一些构图简单、色彩鲜明的画面从旧杂志上剪下来装订好，制成一本宝宝画册。给宝宝看时，每张画面可停留 7—8 秒钟，并配以简要的讲解。如："这是一座漂亮的房子，房子前面的花园里开着很多美丽的花。""这是一只大花狗，它正在吃东西呢！"父母可以经常和宝宝一起翻看自制的画册，等到宝宝对画册中的内容十分熟悉以后，可让他按照父母的指令去翻找画册。如妈妈说："大花狗在哪儿呀？你给妈妈找一找。"如果宝宝不知所措，妈妈可把宝宝的小手翻到大花狗那一页，说："原来大花狗在这儿呢！"

游戏指导：

没必要让宝宝理解画的实际意义。如果宝宝不喜欢看画，可以过一段时间再做这个游戏。

专家育儿：

有意识地发展宝宝的注意力和观察力，并通过简短、清晰的语言与画面的有机结合，给予宝宝丰富的语言刺激。

认识电灯

RenshiDiandeng

游戏目的：

认识日常物品，发展认知能力。

游戏内容：

爸爸、妈妈抱起宝宝，用手指着电灯，并按开关，使灯一明一暗，同时说：“宝宝，这是灯，电灯。”使他从注视你的嘴唇转向注视变化的灯。每天至少练习 5 次，直到你一说“灯在哪儿？”他就用眼睛盯住灯为止。

游戏指导：

可根据宝宝的兴趣，选认一种物品。

专家育儿：

这个年龄段的宝宝，对周围的环境和事物极易产生好奇心和探索心，这种认知能力的发展很了不起。学会爬行的宝宝会愈来愈兴致勃勃地四处爬动、探索，看到东西就摸，拿起东西就想敲打、玩耍或放在嘴里尝一尝。在成人的眼中，这些动作完全没有意义，但宝宝就是这样一点一点地增加自己的知识的。

礼貌用语

Limao Yongyu

游戏目的：

让宝宝学习理解语言，发展动作，培养文明习惯。

游戏内容：

爸爸给宝宝玩具或东西吃时，妈妈在一旁要讲“谢谢”，并要求宝宝模仿点头或鞠躬的动作以表示“谢谢”。当家里有人要出门，你要一面说“再见”，一面挥动宝宝的小手，向要走的人表示“再见”。经过不断地训练，使他一听到“谢谢”就鞠躬或点头，一听到“再见”就挥手。

游戏指导：

有些宝宝怯生，父母不必强求宝宝在不熟悉的人面前练习说话。

专家育儿：

对宝宝的每一个小小的成就，都要及时给予鼓励。不要吝啬你的赞扬，要用你丰富的表情、由衷的喝彩、兴奋的拍手、竖起的大拇指和全家人一起称赞的方法，营造一个积极、快乐的“亲子气氛”，使宝宝在这种氛围中，健康愉快地成长。

找小鸭子

Zhao Xiaoyazi

游戏目的：

发展宝宝由部分推断整体的初步的思维能力。

游戏内容：

妈妈和宝宝一起在床上玩小鸭子，趁宝宝不注意或宝宝转身时把小鸭子藏在被子或枕头下面，故意露出小鸭子的头或脚，问宝宝："小鸭子呢？"让宝宝寻找小鸭子。在宝宝能熟练找出玩具之后，妈妈可以用毛巾盖住整个小鸭子，让宝宝根据鼓起的毛巾找到玩具。妈妈自己也可以半露半藏，让宝宝找。

游戏指导：

有时，宝宝即使看见了小鸭子的一只脚也不知道这是小鸭子，妈妈可以指着那只脚问宝宝："那是什么？"并建议宝宝，"拉出来看看。"

专家育儿：

通过推断，由部分而知整体，这对宝宝而言是思维的一个飞跃。妈妈在引导宝宝做游戏时要耐心，循序渐进，不能急于求成。

滚圆筒

Gun Yuantong

游戏目的：

学习辨认物品和对常见物体的命名。

游戏内容：

取一只圆铁筒，放进一些纽扣、玻璃球、塑料片、小积木等，盖好盖子将铁筒放倒。妈妈一边用手拨动铁筒，使其滚来滚去发出声响，一边对宝宝说："宝宝（最好是叫他的名字），这是什么声音？"待宝宝回答说是"铁筒"的声音时，妈妈再问："哪来的声音？""铁筒里面是什么？"当宝宝想看时，妈妈可打开铁筒，把东西一样样倒出来，倒出一样讲一样，"噢！是球""是积木""是纽扣"等，让宝宝一一辨认。

游戏指导：

游戏时，妈妈应多观察宝宝的情绪变化，找到宝宝对这类游戏的兴趣点，因势利导可以收到事半功倍的效果。

专家育儿：

1岁至1岁半的宝宝，对颜色和形状的认识也会一天一天地增多，在此基础上，宝宝已经能够对他所认识的东西做简单的分类。在形状方面，相当一部分宝宝甚至可以分辨圆形和非圆形、四角形或三角形等等，而且会对自己喜欢的颜色的玩具特别加以爱护。

看图识物

KantuShiwu

游戏目的：

培养宝宝的综合能力。

游戏内容：

妈妈先教宝宝认识动物，宝宝熟记后再认识另外一个。待全部认识后，再由妈妈指着某一动物让宝宝叫出名称，或由妈妈叫出名称、宝宝指出是哪个动物。熟练之后，妈妈可进一步告诉宝宝该动物的特点，比如叫声、走路的姿势、喜欢吃的食物等。有机会的话，妈妈可带宝宝到动物园去看真实的动物。妈妈在教宝宝认识动物时，除了熟悉该动物的特点外，最好再结合图画，给宝宝讲一讲长颈鹿高、小羊矮，以初步培养宝宝对高与矮的空间认知。

游戏指导：

给宝宝看的图片一定要清晰、色彩鲜艳、卫生。

专家育儿：

这个时期的宝宝，除了睡觉就是不停地游戏、玩耍。宝宝快活地游戏时，也正尽情发挥着自己的天赋。此时，父母必须重视宝宝的玩耍，首先要观察宝宝的兴趣大多集中在哪种玩具上，或对哪种颜色的玩具感兴趣；然后再发展创建宝宝喜爱的游戏。

说出感觉

Shuochu Ganjue

游戏目的：

让宝宝学说词语，培养宝宝的感觉能力。

游戏内容：

让宝宝多次触摸稍烫或稍凉的东西，然后问他："宝宝烫吗？宝宝凉吗？"如果吃到较烫或较冷的东西时，可以马上对宝宝说："哦，好烫，妈妈给吹吹"，"太凉了，加热了再吃"等等。

多次练习后能形成条件反射，再碰到类似的情况，只要提问，宝宝就能很快学会使用"甜、酸、苦、辣、冷、热"等表达感觉的词。

游戏指导：

一定要注意安全，最好是妈妈先试试温度，温度合适后再给宝宝。

专家育儿：

很多宝宝在表达自己的感觉时，语言上不是很准确，甚至有时表达的意思和实际情况恰恰相反。这并非宝宝的感受能力差，而是宝宝语言能力的发展限制了他表达感觉的能力。

猜一猜

Cai Yi Cai

游戏目的：

拓展宝宝的综合感知能力以及宝宝的思维能力。

游戏内容：

妈妈将一个洗干净的桃子包在手帕里，叫宝宝："宝宝，猜一猜，这是什么好吃的？"宝宝可能会想着打开手帕，要制止宝宝的这种行为，妈妈可以鼓励他："闻一闻，什么味？"然后再告诉宝宝，"摸一摸，告诉我，这是什么好吃的？"

游戏指导：

如果宝宝没有猜出来，妈妈可以把手松开一点，露出水果皮，再让宝宝猜。最后，无论宝宝是猜出来，还是没有猜出来，都要把水果剥开给宝宝吃，以加强宝宝的印象。

专家育儿：

把气味、形状等特征综合到一起，与大脑中存储的关于食物的印象结合起来，推断出手帕里包的是什么，这是一个复杂的思维过程，有相当的难度。如果宝宝猜不出，妈妈不要着急，多练练，或隔一段时间再练也可以。

数 数

ShuShu

游戏目的：

让宝宝理解简单的数的含义。

游戏内容：

在日常生活中，如果想让宝宝对数字感兴趣，教宝宝进行数数练习就是必不可少的课程。如给宝宝吃水果时，先让宝宝数数有几个苹果，有几口人，一人吃一个够不够分。吃饭时让宝宝数数碗、筷子、椅子、用餐人数，看看够不够。

游戏指导：

类似的游戏可以在日常生活中随处进行练习。只要父母对这类问题给予注意，宝宝就能有突出的表现。

专家育儿：

宝宝1—3岁阶段EQ游戏的重点，应在于着重训练宝宝对外界事物的了解，让宝宝逐渐熟悉一些日常生活用品，培养宝宝自己动手的能力。在宝宝的日常生活中，要尽量让宝宝参与到“家”的活动中来，促进宝宝听话能力的提高。

学儿歌

Xue Erge

游戏目的：

在游戏中学习拍球和儿歌。

游戏内容：

一边与宝宝玩皮球，一边教宝宝学唱儿歌：“大皮球，真好玩，拍一拍，跳一跳，皮球跳得高，宝宝身体好。”边玩边学，宝宝有兴趣，也容易学会。反复练习后，要求宝宝背 1—2 句儿歌。

游戏指导：

爸爸、妈妈要尽量找一些适合宝宝唱的儿歌。

专家育儿：

2—3 岁阶段的宝宝大都喜欢玩球，尤其是一边玩一边唱歌更能激发宝宝的活动兴趣。年轻的爸爸、妈妈们要多抽时间陪宝宝一起玩，既增进亲子感情，又锻炼了宝宝的身体。

匹配游戏

Pipei Youxi

游戏目的：

了解事物简单的对应关系。

游戏内容：

妈妈准备 4 块宽均为 5 厘米的硬纸片，分别贴上或画出小狗、小兔、肉骨头、大萝卜等图案。问宝宝："小狗最爱吃什么？小兔最爱吃什么？"等等，让宝宝根据动物习性，把食物与动物对应起来。

游戏指导：

一些宝宝尚不能正确进行这类"对应游戏"，妈妈要多做几次示范。

专家育儿：

两周岁左右的宝宝，有些已经能用语言表达自己的体验，如"我在看书"或"我在洗脸"等，也会帮助别的小朋友放好玩具。当看到镜中的自己时，问他"那是谁？"他会叫出自己的名字。

摆放物品

Baifang Wupin

游戏目的：

训练宝宝学会找寻物品特征、发现物品之间的联系。让宝宝手脑配合，发展形象记忆和初级思维的能力。

游戏内容：

准备两块长方形和一块三角形的积木，指导宝宝把一块长方形积木摆放到三角形积木上。宝宝反复多次，都放不牢，长方形积木会从三角形积木上滑下来；妈妈再让宝宝把三角形积木摆放到长方形积木上，并告诉宝宝为什么三角形积木上不能摆放积木的道理。然后，妈妈再让宝宝摆放几种形状的积木，让宝宝对物体的形状有初步的感知和记忆。

游戏指导：

在宝宝知道三角形积木上不能摆放积木后，妈妈要试一试宝宝是否记住了——妈妈可以过几天再让宝宝把长方形积木摆放到三角形积木上，看看宝宝有什么反应。

专家育儿：

两岁左右的宝宝，在玩游戏时脑海中会开始浮现影像，对创造性游戏逐渐感兴趣。但是，这时的宝宝，手指还不够灵活，所以做出来的东西往往跟脑海中想的不符合。不妨先让宝宝玩一些简单的游戏，以进一步训练手指的灵活度。

模仿游戏

Mofang Youxi

游戏目的：

训练宝宝上下肢动作及协调性。

游戏内容：

小鸟飞：双臂侧平举，上下摆动，原地小步跑。

大象走：体前屈，两臂下垂，两手五指相扣，两手左右摇摆模仿大象鼻子，向前走。

小兔跳：两手放在头两侧（模仿兔子耳朵），双脚一步步地向前跳。

马儿跑：双臂前曲，手握拳原地跑。

游戏指导：

游戏时不少宝宝的模仿动作不是很准确，只要宝宝能学习模仿就算通过。

专家育儿：

宝宝模仿能力的发展十分惊人：能模仿书中人或动物做的动作；在大人的询问下，能指对 7 个部位（鼻、眼、耳、口、头发、手、脚等）；能表示出钥匙或钱币的用途，如拿着钥匙时，他会走近房门，准备开门。

浇花

JiaoHua

游戏目的：

通过玩水以及用喷壶浇花，丰富宝宝的想象力。

游戏内容：

对宝宝说："天真热，小花儿、小草儿多么需要水呀，我们给它们下点雨吧。"接着做用喷壶浇水的示范动作。宝宝会非常高兴地进行模仿。给宝宝讲一些关于花草没有水就会枯萎等方面的常识。可以一边唱着歌，一边玩，提高宝宝游戏的兴趣。

游戏指导：

妈妈给宝宝唱自编的歌曲，或是其他简洁明快的歌曲，要易于宝宝学唱。

专家育儿：

两岁左右的宝宝，既能自己熟练地举起杯子喝水，也能自己放下杯子，喝水时洒出杯子的水不多。虽然大多数宝宝会戴帽子，但不一定能把帽子戴正。多数宝宝会重复大人说的句子中的最后两个或更多的字；能在家里模仿爸爸或妈妈做些事情，如扫地、擦桌子等。

安静训练

Anjing Xunlian

游戏目的：

培养宝宝集中注意力的能力，让宝宝在游戏中学会约束自己。

游戏内容：

妈妈关好门，关闭一切能发出声音的设备，然后静静地坐在那儿，让宝宝也学自己的样子乖乖地坐在那儿，闭上眼睛。安静下来的宝宝可以听到许多从未听到过的细微声音，如从远方传来的车鸣声。这时，要尽量维持一个安静的环境，别扰乱宝宝的注意力。几分钟后，宝宝就会懂得，只有保持安静才能更好地集中注意力。

游戏指导：

通过游戏，宝宝能够学会保持安静的方法。

专家育儿：

宝宝能够理解语言之后应立即予以安静训练。每次不宜超过 5 分钟。每周可安排 1—2 次，通过安静训练，宝宝能学习自觉保持安静，从而减少活动量和产生的声音，学会约束自己，同时还能培养注意力集中，对于以后的学习会有好处。

了解动物

LiaojieDongwu

游戏目的：

培养宝宝的观察、思维能力。

游戏内容：

出示一些动物卡片，告诉宝宝这是什么动物，顺便介绍这种动物的习性、特点。譬如，兔子的眼睛是红色的，大象的鼻子很长，鸭子的脚有蹼。还可以带宝宝到动物园，在具体的实物面前，宝宝能更好地记忆和掌握，还会不时地问一些其他相关的问题，如："它爱吃什么食物？""它的家安在地上还是树上？"通过妈妈的解说，不仅可以扩大宝宝的知识面，还能培养宝宝的观察能力。

游戏指导：

给宝宝讲解动物的习性、特点时，一定要深入浅出，而且讲解要正确。

专家育儿：

2—3 岁这个阶段，宝宝有时候会自言自语地重复大人的语言或其中的一部分。实际上，这是宝宝的模仿能力应用在语言上的具体表现，它表明宝宝不仅打算用语言来与他人沟通，还有了表达自己的想法的意识。譬如，他会用“走啦”“不用了”这样的词来表达自己的行动，这也是宝宝透过语言来思考的前兆。

比高低

Bi Gaodi

游戏目的：

训练宝宝对高低的理解能力和感觉。

游戏内容：

在宝宝面前竖起几块形状相同但高低不一的积木，告诉宝宝哪是高、哪是矮。再把积木推倒，重新竖起来，让宝宝从高到矮重新排一遍。然后问宝宝："妈妈和宝宝谁高？""椅子和桌子哪个高？"

游戏指导：

进行这类游戏，还可以带宝宝到室外去，让他分辨哪棵树高一些，哪棵树矮一些。

专家育儿：

两岁以后，宝宝 EQ 游戏训练的重点在于培养宝宝的集中注意力和观察力，训练宝宝对一些事物的理解能力和感觉，以及让宝宝在游戏中慢慢地学会约束自己，等等。

识字卡

ShiZika

游戏目的：

让宝宝认识文字符号。

游戏内容：

准备一些宝宝认识的图形卡片以及和图形对应的字卡，让宝宝学习识图配字。认上几遍就将图取掉，让宝宝只看字卡就念出读音来。念对一个字给一张字卡，让宝宝拿着赢到的字卡。最后，妈妈与宝宝一起数数，看看宝宝赢到了几张字卡，学会了多少字。

游戏指导：

每次只可学认 1—2 个新字，学过的字每天都要复习 1—2 遍。

专家育儿：

“识字”一类的游戏，主要是让宝宝在游戏中认识文字、图形、符号，进一步巩固宝宝的辨识能力。至于宝宝究竟能识多少字，并不是游戏的重点。这类游戏应根据宝宝的兴趣大小、接受能力进行安排，绝不可强行要求宝宝非认识多少汉字不可！

学诗词

XueShici

古典诗词是我国古代文化的瑰宝，对陶冶儿童健康的情操、培养良好的教养极为有益。妈妈可每星期教一首，也可根据宝宝的实际情况进行调换或增减。

推荐古诗词：

咏鹅

鹅鹅鹅，
曲项向天歌。
白毛浮绿水，
红掌拨清波。

（解说：鹅啊鹅，弯着脖子朝天唱歌。洁白的羽毛浮在绿色的水面上，鲜红的脚掌拨动着清清的水波。）

专家育儿：

（1）教宝宝朗读诗词时，要用宝宝能听懂的语言向宝宝讲解。教读时应抑扬顿挫，以其独特的节奏感吸引宝宝的注意力。（2）如果有的宝宝不喜欢，妈妈不能强迫宝宝去背诵，只把它当作一种游戏的训练内容就可以了。

认识交通工具

Renshi Jiaotong Gongju

游戏目的：

让宝宝认识每种交通工具在哪一种条件下应用。

游戏内容：

准备一系列交通工具的图片，让宝宝了解交通工具的名称和行驶地点。如飞机在空中飞，轮船在大江和大海上行驶，公共汽车在马路上行驶。还可告诉宝宝不同用途的汽车有特殊的名称，如救护车、货车、洒水车等等。最好让宝宝实地观察图片上的交通工具，同时妈妈加以介绍，宝宝的印象会更深刻。

游戏指导：

可以结合英语来学习，如 Car、Plane、Ship 等，效果更佳。

专家育儿：

这个阶段，很多宝宝都能认识家庭成员并知道他们的名字；也能认识火车、轮船、飞机，并知道它们的名称和用途；能区分上、下、前、后，今天、明天；多数宝宝都能认识自然现象（如晴天、刮风、下雨、阴天等）；知道几种蔬菜和水果的名称和特征；知道几种动物的名称和简单的外形特征。

表达感受

BiaodaGanshou

游戏目的：

让宝宝理解别人的感受，学会使用形容感受的词汇。

游戏内容：

让宝宝根据故事图书说出谁最快乐，谁在哭；他为什么笑，他为什么哭；谁在生气等等。在看儿童动画片时，妈妈要为宝宝讲解人物和他们的表情。也可以随时问宝宝一些问题，让宝宝讲述自己的感受，如“你今天过得好吗？”“什么事让你觉得快乐？”“什么事让你或别人生气？”等等。

游戏指导：

（1）对宝宝的回答不作过高要求，只要合理就算通过。
（2）问宝宝的问题应简单扼要。

专家育儿：

随着宝宝动作技能和自我意识的发展，他开始有了学习自我服务并为家人服务的愿望和兴趣，所以家长在生活中要随时抓住机会，让宝宝学会必要的思考方式，使宝宝正确表达自己的感受。

识字乐园

ShiziLeyuan

第一组：

（1）进

进来　进去　前进

（2）出

出去　出门　出入

（3）钟

闹钟　钟表　钟声

宝宝房间里有一个小闹钟，每天早晨它一响，宝宝就起床了。

第二组：

（1）车

汽车　自行车

宝宝到外婆家去要坐汽车。

（2）船

小纸船　大轮船

爸爸折了一个小纸船，宝宝把它放在水盆里玩。

（3）路

道路　马路　公路

宝宝过马路应走人行横道。

第三组：

（1）谢谢你

别人帮助了宝宝，宝宝应该说："谢谢你！"

（2）身体

每天早晨早起，进行锻炼，有益身体健康。

（3）你好　再见

宝宝要懂礼貌，和别人见面时要说"你好"，分手时要说"再见"。

专家育儿：

1—4 岁阶段，宝宝的"识字"游戏训练，主要还是以巩固前期宝宝所学的物名、颜色、数字和字、词、句、对话等为主。要多以儿歌或诗词的方式，训练宝宝的语言感受能力，积累词汇，为宝宝以后学习语言打基础。这一时期，无论何种形式的"识字"训练和学习，都不应该强求宝宝识字解意。这个阶段游戏的目的不是"识字"，而是让宝宝的语言能力得到多层次的发展。

语言能力开发训练

升国旗

Sheng Guoqi

游戏目的：

培养孩子观察的持续性和概括性。

游戏内容：

带孩子看一次升旗仪式，让孩子基本熟悉国歌的旋律。准备一幅国旗图片；一张长方形红色纸；5 个金色的小星星，1 颗大、4 颗小；一瓶胶水；可以播放国歌的手机或其他媒体设备。妈妈打开媒体设备，放国歌，然后问孩子："刚才听到的是什么歌？""你在什么时候听过国歌？""奏国歌的时候还要干什么？"父母对孩子的正确回答提出表扬，激励孩子继续游戏。出示国旗图片，这时，孩子必须持续地观察，然后才能回答国旗的颜色、形状，上面有什么。可以继续问孩子，五个星星有什么不同。最后要求孩子将五颗星星用胶水粘在红纸正确的位置上。

游戏指导：

游戏的重点是让孩子观察国旗的颜色、形状，以及国旗上的五颗星星有什么不同，这有利于培养孩子观察的持续性、概括性，提高孩子有意注意的能力。

专家育儿：

观察是一种有目的、有计划，比较持久的知觉过程。4—6 岁孩子的观察力属于初步形成时期，水平比较低，观察力的发展主要表现在观察的目的性、持续性、组织性、细致性以及概括性等方面。

又快又对

Youkuai Youdui

游戏目的：

（1）发展孩子的观察力、思维能力以及判断能力。
（2）扩大孩子的注意范围，增强孩子分配注意力的能力。
（3）发展孩子的语言能力。

游戏内容：

准备两张卡片，一张画着皮球，一张画着手绢。先请孩子和爸爸看清楚，卡片上画着什么，各有什么特征；妈妈再说："皮球是圆的，手绢是……"爸爸迅速回答："手绢是方的。"通过示范让孩子明白游戏规则。然后妈妈说："小鸟在天上飞，小鱼在......"请孩子接答："小鱼在水里游泳。"爸爸可以和孩子比赛，增强孩子的竞争意识。接话的内容还有：白天出太阳，晚上出月亮；冬天下雪，夏天下雨；桌子大，椅子小……

游戏指导：

该游戏可随时进行，形式不限，内容也应当是丰富多彩的，增长孩子的日常生活知识。

专家育儿：

人们总是爱用聪明与否来评价孩子。"聪明"二字，从字面上看，是耳聪目明的意思，也就是感觉灵敏。孩子的聪明程度是通过感知觉、感觉器官来体现的，对感知觉、感觉器官的训练可以促进孩子才智的发展。由此可见，培养孩子的感知能力对其智力发展有重要作用。

小露珠

Xiao Luzhu

游戏目的：

（1）培养孩子观察的目的性和持续性。（2）培养孩子的有意注意能力，提高孩子注意力的集中度。

游戏内容：

父母带孩子到郊外去观察露珠。爸爸、妈妈和孩子都蹲下来仔细地观察，看看小草上有什么。孩子很容易就会观察到有小水珠，让孩子变换不同的观察角度，看看露珠有什么特点。父母可以告诉孩子：露珠实际上就是水珠。当发现露珠消失时，父母可以说："露珠不见了，因为露珠被太阳蒸发掉了，太阳带露珠去旅行了。"

游戏指导：

这个阶段孩子的知识有限，所以对孩子解释一些科普性问题时，应考虑孩子的接受能力，把科学术语尽量口语化，或者做比喻给孩子讲，便于孩子理解接受。

专家育儿：

感知觉是孩子认识世界的最基本的工具，对孩子的成长有着极其重要的作用。不管是在家里还是在幼儿园，孩子进行的各种认识活动，如观察图片、实物和大自然，画画，做手工，玩积木，拼板游戏以及认字、数数等等，都和感知觉活动有关。

编故事

Bian Gushi

游戏目的：

通过观察图片内容，让孩子展开想象的翅膀，训练孩子的观察力、想象力，提高孩子的语言表达能力。

游戏内容：

给孩子出示表现小朋友们春游时情景的图片，请孩子想象一下，图片中的小朋友，他们相互之间会说什么话。

游戏指导：

（1）要尽量结合图片的内容给孩子讲解“春游”中的种种事情，启发孩子结合实际场景，想象小朋友之间的对话内容。

（2）要注意孩子想象的“春游”对话中应使用文明礼貌用语，绝对禁止粗俗对话。

专家育儿：

孩子到了2—3岁阶段，都是些“话匣子”，开启孩子语言天赋的钥匙唯有“多说多练”。任何时候、任何地方都要鼓励孩子展开他们想象的翅膀，尽情地、自由地表达！

龟兔棋

Guitu Qi

游戏目的：

（1）培养孩子的观察力和思维能力。（2）培养孩子注意力的稳定性和分配注意力的能力。

游戏内容：

准备塑料瓶盖12只，白纸一大张，红色和绿色的塑纸若干。在红、绿色塑纸上分别画三只乌龟、三只兔子，剪下来，用乳胶分别粘在瓶盖上。在白纸上画上棋盘。这种棋是依据动物的习性设计制作的，游戏规则：乌龟每次爬一步，如遇龟，可以爬过去，还可以一次爬过排成一列的几只龟，但是没有本领爬过兔子，遇到兔子只能绕道走。兔子只有隔一个跳一个，和跳棋的玩法一样，不论是兔子还是乌龟都可跳过去。

游戏指导：

游戏的重点是让孩子在遵守游戏规则的条件下进行游戏，使孩子观察的目的性得到加强。

专家育儿：

现代科学研究证明，人的大脑所获得的信息，有80%~90%是通过视觉、听觉输入的。所以要发展孩子的聪明才智，就必须把孩子观察的大门敞开，让孩子多进行观察，让外界信息源源不断地输入大脑，这样孩子的思维才会活跃。

拍 照

Pai Zhao

游戏目的：

培养孩子的形象思维能力以及语言表达能力。

游戏内容：

准备画有各种人物表情的小图片若干张，“小熊拍照”玩具一件。妈妈告诉孩子：“小熊今天来给你拍照了，请你配合它。”并出示小熊拍照用的玩具。拍照时，妈妈根据孩子特点，要求他做出有趣的表演动作。例如让孩子“微微一笑”“哈哈大笑”“生气”“做出一副哭相”“高兴得跳起来”“看书”“拍皮球”等。这时妈妈应给孩子一张有相应表情的小图片。

游戏指导：

游戏过程中，妈妈应注意孩子的反应。当孩子不能完成某一种表情时，妈妈可先为孩子做示范。

专家育儿：

所谓的“具体形象思维”，就是指孩子凭借头脑中事物的“具体形象”以及对这些“形象”的联想来进行各种思维活动。3岁左右的孩子，思维已经开始从直觉行动思维向具体形象思维过渡。这个阶段，尽管他们的直觉行动思维仍居主要地位，但具体形象思维已经占了很大比例。

爸爸和妈妈

Baba He Mama

游戏目的：

（1）训练孩子观察的目的性、持久性。（2）培养孩子的有意注意能力，增强注意力的稳定性。（3）让孩子明确“人”的概念，认识男女老幼之间的区别。

游戏内容：

游戏时，让孩子站在爸爸、妈妈的对面，爸爸、妈妈并排坐在一起。妈妈对孩子说：“仔细看一看，爸爸、妈妈的头发有什么不同？”孩子回答：“妈妈的长，爸爸的短。”接下来还可以问眉毛、耳朵。要及时肯定并表扬孩子。游戏结束后，父母可加以总结，告诉孩子男女老幼的差别，提高孩子的认识能力。

游戏指导：

（1）妈妈可以把长发披开，戴上耳环、项链等，和爸爸区别开来，便于孩子观察，明确男女之间的差别。（2）提问应循序渐进，提问的内容一定要是特征明显，易于孩子观察分辨的。（3）游戏重点是提问部分，既培养了孩子的有意注意能力，又训练了孩子的观察力。

专家育儿：

大多数 2—3 岁的孩子已经懂得物品的归属；能分清季节；能招待来访的亲人或熟人；能分清前后左右、上中下；观察能力也有很大的提高；经常问为什么；在与小朋友一起玩过家家时能分清各个角色，并能积极配合。

分辨颜色

Fenbian Yanse

游戏目的：

训练孩子观察颜色的能力，巩固其对几种主要颜色的认识。

游戏内容：

准备不同颜色（红、绿、黄、蓝、紫）且不同形状（三角形、正方形、圆形）的积木块若干，混在一起。妈妈让孩子把所有的红色积木、黄色积木、绿色积木都捡出来，分别搭成一座红色的房子、一座黄色的桥、一座绿色的桥。妈妈问孩子剩下的积木都是什么颜色，孩子正确回答蓝色和紫色后，再让他随便搭建东西。

游戏指导：

（1）孩子由于年龄小，在按颜色选择积木时，可能会受到积木形状的影响，妈妈可稍加提醒。看孩子能否按照妈妈的要求，正确地把某种颜色的积木拿出来。（2）妈妈还可用其他颜色的物品进行类似的训练。

专家育儿：

两岁以上的孩子，已能区分多种颜色了。很多孩子能对各种不同颜色的物体加以分类，对红、黄、绿三种颜色有很深的印象，并能说出与之相对应物体的名称。

五彩帽子

Wucai Maozi

游戏目的：

通过辨别相近的颜色，训练孩子的观察力。

游戏内容：

准备 6 顶颜色相近的小帽子，把它们分成两组。妈妈可以问宝宝："宝宝想一想，哪一组帽子戴在白雪公主的头上，哪一组戴在小王子的头上，为什么要那样分配？"请宝宝说说理由。

游戏指导：

每个孩子都有对不同颜色的喜好。妈妈让孩子回答"理由"时，孩子回答："好看""漂亮"或者"我喜欢那个颜色"等都算通过。

专家育儿：

每个孩子对颜色各有喜好，这时孩子"信笔涂鸦"的兴趣最高，父母要鼓励孩子大胆地画自己想画的东西。在这个阶段，根据每个孩子的兴趣、爱好，帮他找一个美术辅导教师也是相当不错的。

猜谜语

Cai Miyu

游戏目的：

（1）猜谜语是一个传统的益智游戏，在游戏过程中，孩子要根据谜面进行分析和判断，有利于他们思维能力的发展和想象力的培养。（2）让孩子学习和积累各种词汇以及描述性的语言，帮助孩子发展口语。

游戏内容：

妈妈和孩子相对而坐，妈妈说谜面，如："眼睛好像珍珠豆，身穿五彩绣花袍，代代住在水晶宫，摇头摆尾乐陶陶。"孩子根据妈妈的谜面猜出谜底：金鱼。当孩子猜谜有困难时，妈妈应给予提示和解释。

游戏指导：

妈妈继续给孩子出谜面，让孩子猜谜底，谜底应该是孩子熟悉的事物。

专家育儿：

一般说来，4 岁以前的孩子还不能把握事物复杂的组成部分，要求分析的环节越少，相应的概括就完成得越好；分析综合能力较弱，基本上还不能准确进行分类，只有少数孩子能依据感知特点来进行分类。

组"字"

Zu Zi

游戏目的：

（1）让孩子认识汉字的各种偏旁，从而了解汉字的结构。（2）提高孩子观察和分辨汉字的能力。

游戏内容：

将一些字卡散放在桌上。妈妈拿出一个纸盒，纸盒旁标有三点水偏旁的标记，然后对孩子说："请将带有三点水的'字孩子'送回家。"孩子根据妈妈的提示，将桌上带有三点水偏旁的字卡放入纸盒，表示送"字孩子"回家。

游戏指导：

以此类推，让孩子用同样的方法将各种偏旁的"字孩子"送到不同的纸盒里。

专家育儿：

这一类游戏对于4岁以前的孩子，应当注重增强孩子观察的目的性。在游戏过程中，提高孩子的观察能力，从而为培养孩子在理解事物方面打下坚实的基础。

拼句游戏

Pinju Youxi

游戏目的：

游戏过程中，孩子需要不断地观察、分辨、比较、判断，使思维能力得到良好的训练。

游戏内容：

将汉字卡放在桌上，妈妈和孩子相对而坐。妈妈说一句话，如：小白兔吃青草。孩子根据妈妈的话，从桌上找出相应的字卡，并拼接成句子。如果孩子拼对了，妈妈应给予鼓励与称赞。当孩子拼句速度较快时，可以让孩子拼成短诗的形式。

游戏指导：

应在孩子已有一定的识字量的基础上，进行拼句游戏。

小测试：

妈妈说出几个词，让孩子说一段话，把几个词都用上。

a）妈妈、爸爸、我
b）老师、小朋友、我
c）蓝天、白云、太阳
d）水、鱼、盆子

能正确说出的个数为：

A. 4个（12分）B. 3个（9分）
C. 2个（6分）D. 1个（3分）

以12分为合格

辨别图形及大小

Bianbie Tuxing Ji Daxiao

游戏目的：

训练孩子对物体大小的辨别及对简单几何图形的观察力。

游戏内容：

准备圆形、三角形和正方形的图形各一组、剪刀一把。让孩子仔细观察三组图形，然后回答下列问题：哪个圆形最大？最小的三角形是哪个？哪两个三角形一样大？让孩子把图形剪下来，分大、中、小排好，一样大的排在一起，重新组合成三组图形。

游戏指导：

（1）孩子在辨认一样大小的图形时如有困难，妈妈可稍加引导。

（2）妈妈在指导时，要让孩子明白大小是相对的，是通过比较得出结论的。

专家育儿：

4岁前的孩子只能理解图画中最突出的个别对象、个别情节，而且这些理解是表面的、简单的，还不能理解事物的内在联系和事物的可逆性，创造性思维仅仅处于萌芽状态。

补 画

Bu Hua

游戏目的：

让孩子给未画全的图形补充笔画，训练孩子通过观察进行比较的能力，提高孩子观察的精确性。

游戏内容：

出示三组图片，告诉孩子，上边的图形和下边的图形是一样的，但是下边的图少画了几笔，请孩子把它们补画出来。如果孩子不能顺利完成第一组图形，可将这一组作为示范组。然后，继续让孩子完成第二、三组图形。

游戏指导：

（1）妈妈首先要让孩子明白该游戏的意图，这样才能互相配合。

（2）游戏的训练重点在于让孩子形成“一模一样”的观念，所以妈妈要提醒孩子使用比较观察的方法。

专家育儿：

从2—3岁左右开始，是孩子想象力、创造力及各种艺术感知、表现能力的敏感时期。随着视觉感受力的提高，具体形象思维也发展起来了，很多两岁左右的孩子，已经能够把自己生活中直接感知到的事物通过简单的绘画表现出来。

聊 天

Liao Tian

游戏目的：

通过启发式聊天，训练孩子的想象力。

游戏内容：

父母和孩子围坐在一起，爸爸或者妈妈有目的地和孩子聊天："天空为什么有时是蓝色的，有时又是雾蒙蒙的呢？""除了星星，天空中还有些什么呢？"爸爸、妈妈一边提问，一边启发孩子借助想象回答问题。

游戏指导：

爸爸、妈妈不能向孩子提出连自己都无法正确回答的问题。游戏进行之前，父母要准备好一些图书、图片，边聊天边提出问题，解答问题。

专家育儿：

两岁以后的孩子会提出一些问题，遇到这种情况，要正确回答孩子的提问，父母切忌不懂装懂，一时回答不了的可以对孩子说："这个问题我们也不明白呢，这样吧，我们一起去翻翻书，看看能否找到正确答案。"

观察小鸟

Guancha Xiaoniao

游戏目的：

让孩子观察小鸟的彩色图片，了解其特征，训练孩子对常见动物的观察力。

游戏内容：

向孩子出示几张画有各种鸟类的彩色图片，如麻雀、燕子、啄木鸟、鹦鹉等，妈妈要求孩子说出这些图片画的都是什么。如果孩子回答“鸟”，再要求孩子具体说出是什么鸟；让孩子继续仔细观察图片，进一步说出每只鸟儿的形状、羽毛的颜色以及组成部分（头、躯干、翅膀、腿）。

游戏指导：

（1）尽量让孩子独立地去发现鸟儿的一些明显特征。（2）孩子每说出一种鸟儿的特征都应给予鼓励。（3）为进一步提高训练要求，妈妈还可以让孩子指出图片上各种小鸟的区别。

专家育儿：

总体说来，2—4岁左右的孩子还不能按照事物本身的客观逻辑，只能依靠自己的生活经验或个人情绪进行观察、分析、推理和判断，不具备一般性原则，不符合客观规律。如问孩子：“杯子是用来干什么的？”他们会说：“杯子是用来喝水的。”追问他们为什么，孩子或者沉默不语，或者说：“妈妈说的。”

流动的水

Liudong De Shui

游戏目的：

让孩子观察水的流动现象，训练孩子观察日常生活现象的能力，使孩子养成处处留心观察事物的习惯。

游戏内容：

准备盖上壶盖、装满水的水壶一个，脸盆一个，小碗、茶杯、瓶子各一个且都放在脸盆里。妈妈提起水壶，把水分别倒在小碗、茶杯和瓶子里。碗、茶杯、瓶子装满水后，妈妈继续倒水，让水溢出来，流到脸盆里。整个过程中让孩子在一旁仔细观察。让孩子自己动手重复刚才的程序，使孩子认识到往容器里倒水，不可太满以免溢出，造成浪费，甚至发生事故。

游戏指导：

（1）游戏之前，妈妈要向孩子讲解水的相关特性，如水是一种液体，可以流动，水满则溢等等。（2）平时妈妈可带孩子去河边观察水的流动现象，让孩子了解水是从高处向低处流的。

专家育儿：

3岁左右的孩子有一个普遍现象，他们往往把直接观察到的事物表面联系作为因果关系。例如，3条腿的椅子倒了，孩子会认为是“风吹的”。对物体的浮沉现象，孩子会说“球大，浮在水上；钉子小、尖，把水刺破了，所以落下去了”等等。

走迷宫

Zou Migong

游戏目的：

让孩子认知磁铁隔着塑料板仍能吸铁的原理，培养孩子的观察力、想象力、判断力。

游戏内容：

准备 1 块塑料垫板，积木若干，磁铁 1 块，图钉若干。将塑料垫板搁在 4 块等高的积木上，使塑料垫板与桌面之间保持一定的距离，以便手能在板下自如地移动。在板上用积木摆出迷宫；用塑料纸做成各种小动物，小动物脚底下插上图钉。将小动物放在迷宫的入口处，让孩子手握磁铁在板下移动，牵引小动物从迷宫的入口处进入，再从迷宫的出口出来。

游戏指导：

（1）先让孩子自己试着玩。如果长时间不能完成任务，妈妈可以给孩子做个示范，再让孩子自己玩。

（2）只许用磁铁在垫板下牵引小动物移动，不能在塑料垫板上用手去移动。

专家育儿：

随着宝宝认知能力的发展，2—4 岁的宝宝已经能够体验到许多游戏的乐趣所在。他们对探索新事物乐此不疲，并能运用自己的想象与创造对事物进行简单的判断。但多数时候不能得心应手，家长应选择适当的时机，给予宝宝相应的启发与帮助。

趣味印手画

Quwei Yin Shouhua

游戏目的：

（1）学描左手的外形，并根据描下来的图形画成相似的画。（2）发展孩子的想象力、表现力。

游戏内容：

准备范例画、纸张和水彩笔。父母先让孩子欣赏范例画，指出画上的形象是根据手的不同动作画成的，引起孩子的兴趣。然后父母把左手的样子画下来，变成小女孩、小男孩、大公鸡、小兔子、大象、大白鹅、大灰狼等。印好后涂上颜色，画上眼睛，让孩子看看像不像。最后让孩子自己动手练习，可以先模仿父母的示范画，然后让孩子根据自己的想象画出多种有趣的物体形象。还可以根据所画的形象添画有关内容。

游戏指导：

启发孩子画出丰富的物体形象，并根据物体形象添加有关的景物，构成一幅主题明确的图画。

专家育儿：

很多家长常常犯这样的错误——别人的孩子喜欢画画，也要让自己的孩子喜欢画画才行。殊不知自己的孩子对语言、数学或者机械、昆虫一类的东西更感兴趣。因此，在培养和训练孩子的观察力的同时，也别忘了“训练”自己的观察力——好好地观察我们的孩子！

添笔画

Tian Bihua

游戏目的:

(1)发展孩子的思维、想象力及创造力。(2)复习绘画技能。

游戏内容:

准备纸张、笔。妈妈先在纸上任意画出横线、竖线、十字或圆形等，让孩子在这些线条上任意添画，画出不同的图案。如妈妈画出几个小圆圈，孩子可以把圆形添画成太阳、向日葵、花朵、苹果、车轮等；又如妈妈画出一条横线，孩子可以把横线添画成房子、伞、桌子、卡车等。

游戏指导:

(1)游戏中，妈妈要启发孩子画得越多越好。(2)妈妈也可以和孩子一起玩，比赛看谁画得又快又多又好。当然妈妈应故意放慢一点，让孩子多赢几次。

专家育儿:

2—4 岁孩子的想象是最初形态的想象，简单、贫乏、有意性很差，无意想象占主导地位。具体表现为想象的主题容易变化，想象有时跟现实分不清，而且具有特殊的夸大性，富有幻想的性质。总的说来，他们想象的创造性很低，基本上是重现生活中的某些经验。

彩球与圆孔

Caiqiu Yu Yuankong

游戏目的：

通过观察，让孩子选择和彩球一样大小的圆孔，训练他的观察力、空间知觉能力。

游戏内容：

给孩子出示图片，图片上有5个大小不等的彩球和1块木板，木板上有和5个彩球大小相同的圆孔。让孩子仔细观察，让每一个彩球顺利通过和它一样大小的圆孔，并用相同的颜色涂抹这些圆孔。

游戏指导：

（1）游戏开始之前，要让孩子明白“一个彩球对应一个圆孔”的游戏规则。

（2）可以教孩子用尺子量一量彩球和圆孔各自的直径。

专家育儿：

2—4岁左右的孩子，游戏时往往会“不讲规则”。通过对游戏规则的介绍，可进一步启发孩子，让他明白“生活中也应该讲规则”的道理。

可爱的大象

Keai De Daxiang

游戏目的：

（1）培养孩子观察的目的性、持续性，使孩子初步接触顺序观察法、数量观察法。（2）集中孩子的注意力，促进孩子有意注意的发展。（3）培养孩子的判断能力。

游戏内容：

准备 4 张图，1 张是用圆和半圆拼成的大象，其余的 3 张分别为一些半圆和圆零星分布的图案。这 3 张中的一张，把上面画的圆和半圆剪下来可以拼成第一张的图形——大象。

游戏指导：

游戏的重点是孩子观察图片以及理解父母的语言提示。

专家育儿：

人的观察力并不是生来就有的，而是在实践的过程中形成的，孩子观察力的强弱，也不是固定不变的。教育因素对观察力的发展起主导作用。因此，父母要注意通过教育，帮助孩子学会观察，提高其观察能力，并以此为中心环节，带动孩子的智力等各方面的全面发展和提高，为以后的发展打下良好的基础。

帮助小动物

Bangzhu Xiaodongwu

游戏目的：

（1）提高孩子观察的目的性和持续性。（2）加强孩子注意力的集中程度。强调在无干扰情况下对孩子有意注意能力的培养。

游戏内容：

出示图片让孩子注意观察，明确图中狮子、猫头鹰、熊猫、兔子这4种动物的食物分别是肉、老鼠、竹笋、萝卜。告诉孩子，这几只动物很饿，请孩子用一条线把它们和自己的食物连起来，但是，连线不能交叉，要不然它们吃不到自己的食物，还会在寻找食物的过程中被别的动物吃掉。

游戏指导：

（1）在孩子观察动物和食物时，父母不要提示，让他独立思考，观察总结得出答案。（2）游戏重点是连线部分，父母可对孩子稍加提示，鼓励他大胆地连线，错了可以重新再画。

专家育儿：

3—4岁的孩子对于观察已经有了一定的目的性，一些孩子基本上能按活动的任务和成人的要求来进行观察。从持续性上看，已逐步学会持续地注意观察某一事物；从概括性上看，观察仍侧重于感知，比较肤浅，不容易把事物各方面、各部分联系起来，找出它们之间的相互关系。另一方面，观察力的随意性、组织性和顺序性有所提高。

画图歌

Huatu Ge

游戏目的：

培养孩子对位置的感觉及节奏感。

游戏内容：

在歌词适当的段落处画图，让孩子模仿。

这里有个圆，我们插上一段小树枝，它像什么？（原来是正在微笑的小苹果。）

这里有个圆，加上两个长面包，它像什么？（加上三点，就是可爱的兔子。）

这里有个四边形，下方接上一段小树枝，它像什么？（原来是一面旗子。）

这里有个圆，下面再接上一个大圆，它像什么？（上面的圆中画上三根小树枝及三个小豆豆，上面加个四边形，就变成雪人了。）

游戏指导：

妈妈还可以自行创作各种图案，尽量让孩子画他想要画的，画好之后，涂上喜欢的颜色。

专家育儿：

在学龄前阶段，让孩子分辨的颜色有红、橙、黄、绿、蓝、紫等（暂不纳入青色，因为学龄前儿童还很难区分青色和蓝色），除黑色和白色以外，称为彩色。在实际生活中，父母要让孩子知道基本颜色的名称，让孩子认识颜色色调有深浅、明暗几个层次的变化就可以了。

图形的模仿

Tuxing De Mofang

游戏目的：

培养孩子的手指协调能力和观察力、注意力。

游戏内容：

妈妈在图画纸上画三角形、圆形、四边形等不同的图形或图画。告诉孩子：“你也画相同的图画或形状。画好之后，涂上喜欢的颜色。”简单的图形中，妈妈也可以将某一条线画得不太完整，让孩子补足这条线。

游戏指导：

图形模仿游戏中，对孩子任何“奇怪”的想法、做法，都不要阻止，让孩子自由发挥，他想怎么画就怎么画。

专家育儿：

培养孩子对图形的辨认能力，是对孩子进行感知觉教育的一项重要内容。这一阶段的孩子，往往先认识图形的整体，对构成图形的各个部分则很少注意，因而认识往往不太准确。一般对学龄前儿童图形认识方面的要求是：能命名、能辨认就可以了。图形的种类也限于常见的简单的形状，如正方形、三角形、圆形、长方形、半圆形、椭圆形、梯形等，对于比较复杂的不规则图形没有太多要求。

复 述

Fu Shu

游戏目的：

通过快速观察，训练孩子细致的观察力、快速记忆能力。

游戏内容：

妈妈向孩子出示一幅图片，描绘的是下雪后小朋友们堆雪人的情景。让孩子认真观察一分钟，然后拿走图片，让孩子复述图片的内容。

游戏指导：

（1）父母可找不同的图片内容训练孩子的快速观察、记忆能力。

（2）循序渐进，训练一段时间后，可适当缩短孩子观察图片的时间。

专家育儿：

大多数3—4岁的孩子都只能复述图片上最显著的内容，往往忽略细节。父母要提示孩子："雪人的鼻子是什么颜色呀？""雪人戴帽子了吗？""有几个小朋友一起堆雪人？"通过提示和实际对照图片，提高孩子的细致观察能力。

水印添画

Shuiyin Tianhua

游戏目的：

训练孩子的观察力、想象力和创造力。

游戏内容：

准备一些方形的宣纸，盛满清水的小盆、墨汁、毛笔、颜料等。游戏开始，父母拿出一张印有墨印的宣纸，让孩子想象这个印迹像什么。父母根据孩子的想象给印迹添上相应的特征，以引起孩子的创作欲望。接着父母让孩子把墨汁滴一滴在清水中，轻轻吹散形成不规则图形，然后和孩子一起将宣纸平放入水中，染上墨迹后取出，贴在窗上晾干。让孩子观察纸上的墨迹，说出他认为是什么形状以及应该添什么图形。等纸干后，用笔蘸上所需的颜色添画。画完后，请孩子讲述自己作品的内容。

游戏指导：

孩子操作时，父母应鼓励孩子大胆想象、大胆添画。

专家育儿：

4岁以前的孩子，思维的特点是从感知动向向感知具体形象过渡。他对事物还不会做复杂的综合分析，更不会逻辑推理，思维是具体而直接的。这一阶段，孩子的想象以无意想象为主，是从活动中发展起来的。此外，孩子的分辨能力差，想象有时与现实混淆。

想一想，画一画

Xiangyixiang Huayihua

游戏目的：

训练孩子的逻辑思维能力。

游戏内容：

拿出 9 张纸，其中 6 张每张画一只小鸡（三角形、梯形、半圆形各两只），拼成九宫格，每一行、每一列的小鸡的形状都不相同，2、6、8 处放白纸，请孩子仔细观察，想想这三个空白处的小鸡应该是什么体形，然后在这三个空白处把自己的想法画出来。一次画不对的话，应多次重复直到画对为止。父母还可根据孩子的自身特点，更换其他的动物造型（小鸭子、小猪等）和形状（正方形、长方形、圆形、椭圆形等）。

游戏指导：

如果孩子出现很长时间的停顿，父母可提示：这 6 只小鸡的形状分别是三角形、梯形、半圆形。从 6 只小鸡的排列上可以看出，每一行第一列的鸡的体形都不一样。想想每一行、每一列有什么规律，再想想应该给空缺处填什么形状的小鸡，是三角形、梯形还是半圆形。

专家育儿：

4 岁前的孩子，仍以具体形象思维为主，开始出现初步的抽象逻辑思维。但是，由于孩子还不善于运用概念、判断、推理来论证客观事物，因而思维仍具有较大的局限性，尤其是在处理复杂问题时，具体形象往往会产生干扰作用。例如，问孩子日光灯和蜡烛有什么共同点，他们会说：“都是白的、长的。”

相同的苹果

Xiangtong De Pingguo

游戏目的：

通过比较，训练提高孩子的细致观察力。

游戏内容：

给孩子出示图片，图中有 8 个苹果，只有 1 个苹果与图片中央方块中的苹果一模一样，请宝宝仔细观察找出这个苹果。

游戏指导：

指导孩子先观察苹果的形状、大小、颜色，然后再进一步仔细观察，发现每一只苹果细微处的不同。

专家育儿：

让 2—4 岁的孩子学习观察的细致性，不是一天两天就能做到的事情，父母要有耐心。通过类似的游戏，更换不同的游戏内容，反复多次训练，由简到繁、由浅入深、循序渐进才能达到目的。

树叶贴画

Shuye Tiehua

游戏目的：

教孩子利用树叶的形状拼贴出各种物体，组合成画，发展孩子的想象力和创造力。

游戏内容：

父母带孩子去野外捡各种形状的叶子，再准备一张树叶贴画的示范画。游戏开始，父母出示“小猫钓鱼”的示范画。“这幅画是用什么贴的？你认识这些树叶吗？”让孩子知道小猫头用的是梧桐树叶，身体用的是樟树叶（或其他椭圆形叶子），眼睛用的是瓜子，胡须用的是松针，小鱼用的是柳叶等。让孩子了解这些形状都是利用树叶的各种形状拼贴而成的，激发孩子的创作欲望。然后让孩子根据树叶形状进行想象，拼贴物体。

游戏指导：

（1）父母注意对孩子强调粘贴时要将树叶压平。

（2）父母可请孩子说说自己完成的画用的是什么叶子，内容是什么。

（3）父母要及时表扬孩子，激发他的创作欲望。

专家育儿：

孩子的头脑中没有太多的框框，他们不会为“是否符合事实”而苦恼。从这方面看，孩子的思维是开放的、大胆的、创造性的。他们可以编出、画出类似“鱼在空中飞翔”“绿色太阳”的故事、图画。父母切忌用“像或不像”评价孩子的作品，这样只能扼杀孩子的创造力。

常青藤·纯真阅读系列

让诗歌荡涤心灵，
让散文提升素养，
让童话打开想象！
给孩子展现一个纯美的文学世界。

著名儿童文学作家伍美珍、张菱儿倾情推荐！

谭旭东：
鲁迅文学奖获得者，
著名儿童文学评论家，
知名儿童阅读推广人。

本套书适合
3－9岁的孩子阅读，
可以作为孩子的
睡前阅读读物。

《风儿是个淘气包》

阳光翘起指尖逗弄花骨朵，风吹着口哨疯跑，花儿对着春风做鬼脸，还有调皮的蚱蜢四处跳……作者用细腻的笔触给小朋友们构造了一个万物有灵的神奇世界。

《童年的月光光》

在月光下捉迷藏、拿出存了好久的钱去买小人书、挤坐在村头的空地上看电影……问问你的爸爸妈妈，说不定他们也有同样的经历呢！

《狐狸爱吹牛》

爱吹牛的狐狸看见老虎就逃跑，小猴贪玩忘记考试了，挑食的小猪在体育课上会晕倒，急性子的兔妈妈把小兔气跑了……生活中的坏习惯我们要改掉。

《飞翔的小仙子》

夜晚为什么会那么安静？是谁吞吃了噪音？逗号、句号和感叹号为了什么事争吵不休？让我们去书中寻找答案吧！

《会飞的春天》

挤在一堆的雨、稳不住窝的风、色彩斑斓的蝴蝶、刚露头的小草……小朋友们快来找一找，书中还有哪些春的讯息。

《萤火虫是黑夜的跟屁虫》

月亮姐姐会变圆是因为她吃饱了？小猪在树上晒了伤心可怎么收回去却变成了快乐？过年大家都穿新衣裳可为什么石榴树还是光秃秃的枝丫？小朋友们快来读一读，小故事中可是蕴含了大哲理呢！